「思考軸」をつくれ

あの人が「瞬時の判断」を誤らない理由

出口治明
ライフネット生命保険 社長

英治出版

はじめに　私が「〇・一%」に賭けられた理由

直感にしたがって間違えない

　私は、六十歳のときに、新しい生命保険会社「ライフネット生命」を立ち上げました。ふつうであれば「もう定年」という年齢で起業して社長になる、という選択をしたわけですが、こういう人生は私自身もまったく予想していませんでした。

　きっかけはある人からの誘いでした。初対面のその人に会って一時間も話をしないうちに、私はもうその人の話に乗って新しい生命保険会社をつくることを決めていました。「なぜ、そんなにすぐに決断できたのですか？」とよく聞かれますが、これに対して私は「直感で決めました」と答えています。

「直感でそんな大きなことを決めるなんて、何と思慮の浅い人間だろう」と思われるかもしれません。でも、私にとって自分の直感はもっとも信頼できる意思決定の指針なのです。直感というのは、何も天から降ってくるものではありません。何か課題を与えられると、脳は無意識の領域でも自分の脳内にストックしてある知識や情報を検索し、さらにそれらを足したり引いたりして最適解を導き出します。これが直感の正体です。

つまり、直感というのは、その計算のプロセスを自分でも意識できないほどのスピードで「脳をフル回転させて得たアウトプット」であり、言語化はできなくても、単に直情的に行動するのとはまったく違う性格のものなのです。そして、この直感は「ストックしてある知識や情報＝インプット」の量が多ければ多いほどその精度が上がります。

私はいま六十二歳ですが、これまでの人生でおそらくふつうの人の何倍かの量の本を読み、世界を旅し、さまざまな人々と邂逅を重ねてきました。だからこそ、ここぞというときの自分の直感に絶対的な信頼を置いているのです。実際、これまでも直感にしたがって大きく間違えたことはないと思っています。

ライフネット生命をつくるまで、私はずっと大手の生命保険会社で働いてきました。生命保険業界で長く働いた上での、しかも常識を打ち破るような挑戦でしたので周りからいろいろ心配もされましたが、二〇〇六年に起業の準備をはじめ、二〇〇八年四月に金融庁から免許を取得し、五月には無事開業にこぎつけることができました。

ライフネット生命は販売チャネルをインターネットに絞り、保険料を抑えた新しいかたちの生命保険会社であり、開業して二年あまりのベンチャー企業です。ユニークで新しい挑戦をする会社として次第にお客さまにも認知されはじめ、契約は毎月一〇％ずつ伸びて、二〇一〇年三月末までに二万三〇〇〇件あまりの契約を頂くことができました。

風が吹いたときに凧を上げる

私は、人生というものは九九％、いや九九・九％、思うようにはならないものだと思っています。何か成し遂げたいことがあっても、達成できないままに死んでいく人がむしろふつうなのです。歴史や伝記を読めば、そのことがよくわかります。しかし、そんな人生のなかでもわずかに残された〇・一％の可能性を信じて挑戦し続けなければ、未来永劫何かを成し遂げることはできません。人が思わなかったことは一〇〇%実現しないのです。

私自身、起業の誘いを受けたのは、長らく働いた生命保険の世界をいったん離れ、「もうこの業界にかかわることはないだろう」と考えていたときでした。それまでずっと「日本の生命保険業界をなんとかしたい」という思いはもち続けていたものの、自分ではそれは果たせないままに終わるだろうと思っていたのです。だからこそ、「遺書」にあたる本(『生命保険入門』/岩波書店)も書いたのです。思いがかなわなくとも、あとから誰かがこの本を読んで私の遺志を継いでくれればいい、そうした気持ちを込めました。

それが突然、目の前に思いを果たすチャンスが与えられた、これは宝くじにあたったようなものです。思うままにはならない人生だからこそ、「風が吹いたときに凧を上げる」、そのための準備はしておくべきなんだ。そのとき、改めてそう思いました。

一つを知れば一つ謎が消える

「風が吹いたときに凧を上げる」ためには何が必要なのでしょうか？
私はそれこそが、自分だけの「思考軸」をつくり、それを磨いていくことだと考えています。

私が昔から好きな言葉に「絶対自由」というものがあります。私は、好き嫌いの激しい人間ですが、ものごとに対する先入観はあまりもたない方だと思います。何事にも縛られず、何事に対しても開かれた人間でいたいとずっと思ってきました。

自分を開いて率直に何でも受け入れるようにしていると、外からいろいろなものが入ってきます。私は食いしん坊なのでよく食事にたとえますが、あれこれを言わずに目の前にあるものを何でも食べ、人から薦められたときも何でも食べてみるのです。臭いがきつかったり見た目がおどろおどろしかったりすると、つい箸を伸ばす手を躊躇してしまうのが人間というものですが、そういうものでもとりあえず一度は食べてみる。ときにはお腹をこわすこともありますが、これで食べ物の経験値は確実に上がります。つまり、先入観や思い込みの範囲が狭まるのです。

「世界は毎日単純になっていく」

私の大好きなデザイナー、ココ・シャネルの言葉にこんなものがあったように思います。毎日一つのことを学べば、一つの謎が消える。だから、昨日よりも今日、今日よりも明日の方が世界はシンプルになっていく。そうした彼女の考え方はまさに私が思っていることと同じです。

新しいことを知れば知るほど、この世界の不確定要素は減少します。そしてその分、自分のなかの思考軸が太くなっていくのです。私の理想とするのは、死ぬまで何事にも縛られず何事にも囚われない、「絶対自由」という生き方です。自由でいるために直感を磨き、極太の思考軸を養うのです。それがあれば、この世界には何も恐れるものはありません。

「王様は裸だ」と言えるのは誰か？

「ものごとの見方」、つまりは思考軸にこれが正しい、というものはありません。大切なのはそれが「あなただけのものである」ということです。

「裸の王様」という童話をご存じでしょうか？

詐欺師に騙され、ありもしない服をまとっている気になって意気揚々と行進する王様を指差し、「王様は裸だ」と叫んだのは一人の子どもでした。本当は家来もパレードを見物している町の人々にも王様の服は見えていなかった。けれども、彼らは誰一人としてそれを口にできなかったのです。

それは、彼らが「閉じられた共同体」の一員だったからではないでしょうか。共同体の内部で快適に暮らそうと思ったら、あらかじめそこにある価値観や常識を受け入れ、同化・適応するのがもっとも容易で確実な方法です。たとえ多少の理不尽さを感じていようとも、周囲の人がそうしているのと同じように、自分も何くわぬ顔でそれに倣うのが賢明な身の処し方だ、誰しもがそう思っています。

そして、その思いはいつしか、世界の大いなる矛盾と問題に接しても、「自分たちにはどうにもならない」というあきらめに変わり、ついには、裸の王様を見て、「なんと立派な服だ」と拍手を送ることにすら疑問を感じなくなっていく。小さな閉じられた共同体の内部に取り込まれてしまった人に改革を期待してもしょせん無理なのです。

では、どうして子どもだけが「王様は裸だ」と指摘することができたのでしょうか？　それは、子どもが「自分の軸」をもっていたからです。王様の権威も町の大人たちの分別も子どもには関係ありません。だからこそ、自分の見たままを率直に言葉にすることに、何のためらいもなかったのです。

さて、その結果、何が起こったでしょう？

その子どもの一言で大人たちは呪縛を解かれたように口々に「王様は裸だ」と真実を語りはじめました。閉じた社会に変革を起こすことができるのは、内にいながらもその価値基準に染まり切らない、「自分の軸」をもった人だけなのです。

いまいる場所の、外側へ

いびつさを内包して成長してきた日本の生命保険を正常な姿に戻す存在。二百五十年前にオールド・エクイタブルを創業したドッドソンが創り出した生命保険の原点を体現した正統なる子孫。私はライフネット生命をそのように位置づけています。

そして、今や改革を必要としているのは、生命保険業界だけではありません。不況から抜け出せず、閉塞感にさいなまれるわが国の社会において、これまで当たり前だと感じていた組織やシステムについても、「それが本当にあるべき姿なのか」と根底から検証する必要が生じてきています。今の日本における会社や国家は、「神風」による（詳細は後述します）高度成長経済時を前提としてつくられたものであり、もはや機能しなくなっている部分がたくさんあるのです。

いま自分が立っているところを中心にして、同心円を描くように広がっているものが世界のすべてである、多くの人はそのようなイメージをもっていると思います。しかし、それは「天動説」と同じで大きな間違いです。私たちが日々何の疑いもなくしたがっている常識や規範が通用する範囲は極めて限定的で、その外側にはそれらがまったく意味をもたない別の世界が広がっています。それに気づかないのは江戸時代の鎖国よろしく外の世界との交流を避け、閉じた世界の居心地のよさに甘んじているからなのです。

◆

まずは、勇気をもって、「自分を開く」ことからはじめてください。

その瞬間、それまでの常識や規範は通用しなくなり、あらゆることをゼロから考え、判断する以外にはない、という状況が立ちあがってくることでしょう。

この本は、そのように一歩を踏み出そうとしている人、そして既に踏み出しはじめた人たちに向けて、「自分の軸」をもつことを大切にしてきた私の考え方や振る舞い方についてのヒントをまとめたものです。

軸をもつことで、閉じた世界から外に出ることが恐怖ではなくなります。自分だけの思考のよりどころをもったとき、その人はそれまで内部と外部とを隔てていた境界を軽々と越えていき、何事にも囚われず、ものごとの本質を見極められるようになるのです。そして、それは実はとても楽しくてワクワクすることなのです。

今、私たちに求められているのは「すべての物事を原点から考え直す」ことです。原点から考え直すためには、私たち一人ひとりがものごとの本質を見る目をもち、自分のなかに、考えるための軸をつくらねばならないのです。

二〇一〇年　五月　出口治明

序章

ベンチャー生保の立ち上げにかけた想い

第1章 5つの「思考軸」と大切にすべきこと

第2章 森を見る「タテヨコ思考」のすすめ

第3章 「多様なインプット」で直感と論理を磨く

第4章 「違った人」をいかすリーダーシップ

第5章

「勝率一〇〇%」の真っ向勝負

第6章

私たちが、いまいるところ

序章

ベンチャー生保の立ち上げにかけた想い

「一つの箱を見るとき、ふつうの人は前から見て横から見て斜めから見るくらいで終わるでしょう。でも、出口は、上からも下からも内側からもひっくり返しても見るし、果ては原材料や用途までが『見えて』いる。そうした圧倒的な視点の多さを感じます」

——副社長／岩瀬大輔

「マニフェスト」をつくった理由

『私たちは、生命保険を原点に戻す。生命保険は生活者の「ころばぬ先の杖が欲しい」という希望から生れてきたもので、生命保険会社という、制度が先にあったのではないという、原点に』

私が社長を務めるライフネット生命のマニフェストには、最初にこう書かれています。この会社を立ち上げたのは二〇〇八年五月。ライフネット生命はわが国で戦後はじめて、七十四年ぶりに誕生した内外の保険会社の資本が入っていない独立系の生命保険会社です。

日本には、私がかつて勤務していた日本生命をはじめ、規模の大きな生命保険会社がいくつもあります。生命保険の世帯加入率も九〇%近く、まさに日本は世界でも有数の生命保険大国なのです。何も好き好んでそんな寡占的な業界に新規参入しなくてもよさそうなものですが、私にはそれをせざるを得ない確固とした理由がありました。

「船は一艘《そう》、家は一軒、命は一つ」

これが保険の前提となっている考え方です。

十四世紀後半のイタリア・ベニスでは海外貿易が盛んに行われていましたが、船舶の事故も決して少なくはありませんでした。一艘の船しかもたない船主は、その船を遭難などで失ってしまえば、たちまち生活が破たんしてしまいます。それではあまりにもリスクが大きい。そこで彼らは集まってお金を出し合い、それをプールしておいてメンバーの船が事故に遭った場合はそのお金を使って救済する、というシステムをつくりました。これが海上保険のはじまりです。火災保険は十七世紀の半ばに起こったロンドン大火災の後に、一軒しかない家が火事で焼けても困らないようにと、海上保険を真似てつくられました。

そして、一つといえば忘れてはならないのが人の命。近代以前のヨーロッパには女性が就ける仕事がほとんどなく、一家の稼ぎ手である主人に何かがあると、残された妻や子どもは大変悲惨な思いをしなければなりませんでした。そういう悲劇を避ける目的でつくられたのが生命保険なのです。

十八世紀のロンドンで生まれた世界初の生命保険会社であるオールド・エクイタブル社は、数学者ジェームズ・ドッドソンの考えに基づいて設立されました。ここを起点にして近代の生命保険がはじまったのです。

ところが、現在の日本の生命保険は、当時の姿とは似ても似つかないものになっています。さまざまな特約がつけられて複雑さを増した商品は、実体がよくわからないものになってしまいました。お客さまからすれば、「自分にふさわしい保険は何か」「どうなったら何をどこまで保障してくれるのか」といった生命保険を契約する際にいちばん大切なことがよく見えない状況なのです。支払った保険料のうちいくらが保険会社の営業経費（手数料）になっているのかも不明瞭です。しかし、保険会社はそういう情報を明らかにしないまま、「何かあったらどうするんですか？」「大切な家族を安心させてあげましょう」と恐怖をあおったり愛情あふれる言葉をささやいたりして顧客を獲得してきました。そして、その挙句の果てに起こったのが、社会問題となった保険金の不払い問題です。

ドッドソンがこうした日本の生保の現状を見たら、「これは私の考えた生命保険ではない！」と怒り出すに違いありません。そう、日本の生命保険は本来の趣旨や目的から明らかに外れて、いびつな姿で成長してしまったのです。そして、私自身も長い間生命保険業界にいて問題を感じながらも、ついにそれを正常なかたちに引き戻すことができませんでした。

それが保険の現場を離れ、もう生命保険の仕事には携わることもないだろう、と思っていたところ、運命はそれを許してくれなかった。何の因果か、私自身が新しい生命保険会社をつくることになってしまったのです。思わぬ運命に驚きましたが、そうなった以上は、常々日本の生命保険のあり方に異議を申し立てていた手前、「これこそ生命保険の真の姿だ」という理想の生命保険会社をつくらないわけにはいきません。そして、私は日本の生命保険を正しいかたちに修正し、次の世代に手渡そうと覚悟を決めました。

四項目・二十四事項から成るライフネット生命のマニフェストには、そのような想いが込められているのです。

日本の生命保険が歪んだのはなぜか

なぜ日本の生命保険が健全さを失って歪んでしまったのか。最大の理由は野口悠紀雄氏がいうところの「一九四〇年体制」にあるのだと思います。

当時、第二次世界大戦に向けて「民間企業は国家の統制下に入らなければならない」という圧力が高まりました。金融業界でも金融統制団体令や金融事業整備令などが次々と施行されて、当時の大蔵省が銀行・信託・証券・生命保険・損害保険などの商品や価格を一元的にコントロールするようになりました。この体制は、戦後もいわゆる護送船団方式というかたちでそのまま生き残り、生命保険業界では一九九五年の保険業法改正まで原則として手をつけられることはありませんでした。その結果、生命保険会社は自らよりよい商品を開発するという本筋を外れ、内容も価格も何一つ差がない、国が決めた画一的な商品を販売し、その営業力だけを競い合う存在になってしまったのです。

そして半世紀ぶりに実現した保険業法改正後も自由化はほとんど進まず、ようやく保険料の営業経費部分（付加保険料）が自由化されたのが二〇〇六年の四月、つまり、つい最近のことです。「言うことを聞くかぎりは国が守ってあげますよ」という護送船団方式のもとでは金融機関は利用者よりも監督官庁の顔色をうかがうようになり、健全な競争は阻害されます。これでは業界が発展するわけがありません。しかも、保険業法改正後は、自由化を進めようとする行政に対して、むしろ業界側が既得権を守ろうと抵抗する有様でした。保険業界のなかで働いている人たちも「これはどうもおかしい」と薄々気づいてはいても、誰もそれを変えることができなかったのです。

常に「公」を考える人間でありたい

私が尊敬する歴史上の人物の一人に、中国・清の役人であった林則徐《りんそくじょ》がいます。十九世紀、清の政府は林則徐を広州に送り、大英帝国からのアヘンの密輸の取り締まりを命じました。そのとき、彼がまずしたことは、大英帝国のことを知るために、当時入手できたあらゆる西洋の文献に目を通すことでした。しかし、歴史にはつきものの不測の事態が起こり、林則徐は左遷されてしまいます。左遷されたとき、彼は集めた文献を「これを漢訳しておけば、きっといつかは誰かの役に立つ」と言って後輩に託したのです。そして、それを漢訳して書かれた本が、吉田松陰ら幕末の志士が明治維新の際に必死になって勉強した『海国図志』です。そのなかには、生命保険のことも紹介されていました。

なぜ林則徐は生命保険のことまで知ろうとしたのでしょうか？　それは大英帝国と戦うためには、政治や軍事のことだけでは決定的に不十分であり、その背後にある西洋社会のあり方を全体としてとらえなければならないと考えていたからにほかなりません。つまり、林則徐は西洋という「森の姿」（全体の姿）を見ようとしたのです。

私は長く生命保険業界にいて、そこにさまざまな問題があることを感じつつも、大組織の構成員として働くなかではその抜本的な改革はできませんでした。

日本生命での役職定年が近づき、保険とは関係のない子会社に出向することになったとき、頭に浮かんだのがこの林則徐のエピソードです。このタイミングを外したら次世代の人たちに自分の経験と知見を伝える機会はもうないだろう。そんな思いでまとめた本が最初にお話しした『生命保険入門』です。林則徐のように、常に時間と空間を超えて「公」のことを考え続ける人でありたい、そんな想いを込めたのです。

その後、運命は変わり、私は自ら変革の当事者となるチャンスを頂きました。これは、林則徐でさえ手に入れることができなかった千載一遇の幸運です。だからこそ、私はまったく新しいしくみの生命保険会社をつくり、業界をよりよい方向に変えたい、強くそう願ったのです。

業界を根底から変える会社をつくる。それこそが、自分を育ててくれた生命保険業界への恩返しになると、そう固く信じています。

安心して赤ちゃんを産める社会を

日本の大きな社会問題として「少子高齢化」が言われて久しいですが、特にこの問題の論者となることの多い中高年の方は、「若い人の結婚願望のなさ」など意識の問題をあげつらう前に、まずは彼らの置かれている状況について虚心坦懐に認識することが必要だと思います。

世帯主の年齢階級別に一世帯あたりの平均所得金額のデータを見ると、四十代では一世帯あたり七〇一万円、五十代では七三〇万円あるのに対し、三十代では五四六万円、二十九歳以下になると三一七万円にまで下がります（厚生労働省・二〇〇八年　国民生活基礎調査の概況）。安定した正社員の座に中高年層が座り続け、若い層が非正規社員化した結果、大きな所得格差が生じているのです。

若い人たちは必ずしも「結婚したくない」わけではなく、低い所得によって「結婚できない」「結婚に踏み切れない」という側面が非常に大きいのです。これに加えて子どもが生まれれば、世帯の負担はいっそう大きくなります。

生命保険料はそうした若い世帯にとって大きな負担となる費用項目です。負担が重いがゆえに生命保険に入らない世帯も増えています。小さな子どもがいて本当に生命保険を必要としている若い世帯がその負担の重さゆえに加入することができない、そんなおかしな状況を放っておいてよいはずがありません。だからこそ、私は生命保険会社の経営を効率化し、保険料を抑えた商品を提供したいとずっと思ってきました。

ライフネット生命の設立にあたり、私が掲げた目標は次の三つです。
一つめは二十代、三十代の若い子育て世代の保険料を半額にしたい。二つめは保険金の不払いをゼロにしたい。そして三つめは比較情報を発展させたい、というものです。

販売チャネルをインターネットに絞り、人件費や販促費の大幅なコスト削減を実現した結果、二十代、三十代のライフネット生命の定期死亡保険の保険料は大手生保の同等商品と比較してほぼ半額になっています。特約なしのシンプルな商品設計によりインターネットだけで十分な情報が得られるよう工夫した結果、現状で保険金不払いの問題は発生していません。これまで業界ではひた隠しにされていた保険料の原価構造（純保険料と付加保険料の内訳）を公開し、一般の方やファイナンシャルプランナーなど金融のプロの方とも頻繁に懇談することで、生命保険について自由に議論し、生命保険商品の比較ができる環境をつくりつつあると自負しています。

「安心して赤ちゃんを産み、育てる社会をつくりたい」、私がずっと願ってきたことに貢献している手応えをひしひしと感じています。

第1章

5つの「思考軸」と大切にすべきこと

「相手の目を見据え、当然のごとく発せられる、常識を超えたずうずうしい言葉。『これが非常識に聞こえるのは僕が浅はかなのだろうか?』と自分に問いかけてしまう圧力がある。その圧力が自分に向けられたとき、十回に八回は要求を受け入れてしまうが、二回は自分の信念が見つかり、切り返す。それでも論破できるのは一回あるかないか。出口はいつか超えたい頑固親父」

——マーケティング/堀江泰夫

軸＝思考する際の前提条件

日本には優秀なビジネスパーソンがたくさんいます。ただし、残念ながらその優秀さには、多くの場合「会社のなかで」という但し書きがついています。会社のなかで優秀だというのは、つまりは「パーツとして優秀」だという意味です。パーツは取り替えがきくし、全体の枠組みが変わったら途端に使いものにならなくなってしまいます。

いついかなる条件下でも正しい判断ができる。未知の局面でも何が真実かを見極められる。本当の優秀さというのはこうしたことをいうのであって、これからの日本の社会が必要としているのは、もちろんこちらの方です。

バブル崩壊から現在にいたる日本の停滞は、既に戦後の繁栄の方程式が通用しなくなっているのに、相変わらず同じやり方を延々と繰り返してきたところに真の原因があると思います。もっとはっきり言えば、これまで「成功の法則」とされてきたことは、すべからく役に立たないものと思った方がいい。その上であらゆることをゼロベースで考え、新たな価値体系を構築していく能力が求められているのです。

しかし「すべてをゼロから考えろ」といわれても、「考える軸となるもの」がなければ、何が正しくて何が間違いかを判断することすらできません。軸というのは言葉を換えれば「思考する際の前提条件」です。「これとこれを前提に考える」という項目が自分のなかで固まっていれば、どんな事象に対してもブレることなく自分なりの判断を下すことができるでしょう。

「何を自分の軸とするか」、これには答えはありません。だからこそ、そこに人となりが現れます。私もたくさんの軸をもって考えていますが、そのおおもとになるものはだいたい次の五つです。

１．人間は動物である

人間は自分たちのことを「万物の霊長」と称して、この地球上で特別な存在のように思っている節があります。でも、その人間の最大の関心事は何かといったら、「魅力的な異性を見つけて仲よくなること」「腹いっぱいおいしいものを食べること」、そして「安心してぐっすり眠ること」ではないでしょうか。つまり、いくら「我々は万物の霊長なり」と胸を張ってみたところで、その実態はほかの動物と何ら変わりはないのです。だからお腹が空くと怒りっぽくもなりますし、夜は眠くなるのです。部下が仕事よりもデートを優先したら上司はムッとするかもしれませんが、動物の観点から見ればそれも至極当然の判断です。

人間がある条件下でどのような行動をとるか、その行動を教育でどの程度まで矯正できるのか。それをいちばんよくわかっているのは動物学者でしょう。だから、私は文部科学大臣には動物学者こそが適任だと思っています。もちろん、動物園の園長さんでもいいでしょう。

ついでにいえば、「母なる地球」と形容される地球は実際のところは鉄の塊であり、まったく生物にやさしくなどない単なる物体です。現実に地球は何度も生命の大絶滅を引き起こしています。人類が起こした文明はその鉄の塊の表面を覆う「カビ」のようなものなのです。環境問題の議論になると、国や地域のエゴがぶつかりあってなかなか前に進まないのは、こうしたごくごく当たり前の共通認識がないことも理由にあると思います。

2．人間はそれほど賢くない

人間はそれほど賢くはありません。それは長い歴史を眺めて見ればよくわかります。同じ失敗は二度としないどころか、何度繰り返しても懲りずにまた繰り返す。なかには賢い人もいるのでしょうが、そういう人だって全知全能というわけではない。賢い人も愚かな人も、人間全体で見ればその差はたいしたものではない、私はいつもそう思っています。そんな人間が、世の中のすべての事柄に正しい答えを出せるなんてことはあり得ません。名著『何でも見てやろう』（講談社文庫）を書いた小田実さんは「どこにいっても人間は皆ちょぼちょぼや」と言っていました。まさに言い得て妙で、私も「人間ちょぼちょぼ主義」です。自分はもちろん、人間全体で見てもその能力なんてたかがしれている。そうやって謙虚にものごとにあたる方がよりよい判断に結びつくと固く信じているのです。

3．人生は「イエス・ノーゲーム」

「自分を楽天的だと思いますか？」などといった質問に「はい」「いいえ」で答えていくと、最後に「あなたの性格はこれ」という答えにいきつく。こういった「イエス・ノーゲーム」を雑誌などで見かけることがあるでしょう。私が考える人生のイメージはこれによく似ています。

遠い先にゴールを定め、そこに最短距離でたどりつきたいと思っても、たいていの場合うまくいきません。道の途中にはたくさんの選択肢が用意されていて、そこでどちらを選ぶかによって進む方向がどんどん変わっていくからです。昨日の自分だったら「イエス」を選んでいただろうに、今日は何となくそんな気分になれず「ノー」と言ってしまった。たったそれだけのことでたどりつくゴールはまったく違ったものになります。だから、もともと銀行員になりたかったはずが、気がついたら八百屋の店先で大根を売っていた、というようなことが人生ではしばしば起こるのです。

また、「禍福は糾《あざな》える縄のごとし」というように、よかれと思ってやったことがとんでもない不幸を招いたり、最悪の選択が思いもよらぬ幸運に結びついたりすることが頻繁に起こるのも、人生がゴールの見えないイエス・ノーゲームだからです。そう思っていれば最初の想定と違う方向にいっても、とまどうことなくそのときどきで最良の意思決定ができるようになります。

4. すべてのものは「トレードオフ」

晩唐の詩人である李商隠《りしょういん》の逸話にこのようなものがあります。

李商隠が分かれ道の前に来るたびにはらはらと涙を流すので、不思議に思った農民が「なぜ、あなたは泣いているのですか？」と尋ねたところ、詩人は「片方の道を選べばほかの道に行けなくなる、それが悲しくて泣いているのです」と答えた、というのです。

何かを選べば、結果として何かをあきらめなければならない。何かを選べば、何かを失う。仕事であっても人生であってもこれが真理です。何かを決めるときには、このことを強く肝に銘じておかなければなりません。

ところが、日本人はどうもこの「トレードオフ」という考え方が苦手なようです。

以前、新聞のインタビュー記事で、プロテニスプレーヤーのクルム伊達公子さんがこんな話をしていました。伊達さんがドイツ人のレーシングドライバー、ミハエル・クルムさんと結婚した当初、夫に「今日は何を食べたいか」と聞いて、それを一所懸命つくって出していたそうです。そうしたら、ある日、夫から「お願いだからそんなことはやめてくれ」と言われてしまった。「毎晩そんなことをしていたら、君がやりたいことができなくなってしまう。二人とも仕事をしているのだから外食でかまわない。つくりたいときだけつくればいい」

それを聞いて伊達さんは一気に肩の荷が下り、心の底から結婚生活を楽しめるようになった、というのです。

一日は二十四時間と決まっているのですから、仕事も家事も完璧にやろうと思ってもそれは無理に決まっています。それなのに、日本では妻が働いていようが育児や家事は妻がやるべきだと思っている男性が少なくありません。でも、そんなことは不可能だということは、ちょっと考えればすぐにわかりそうなものです。


ビジネスの世界でも、このトレードオフという概念に慣れていない人によく出くわします。A案にもいいところがあるがB案も悪くない、かといってC案も捨てるのは惜しい……と悩んだ挙句、決断を先送りしてしまう。そういう人は、何かを決めることは何かを捨てることであり、両者はトレードオフの関係にあるということがわかっていない。あるいはトレードオフを引き受ける覚悟がないのです。

何かを取れば何かを失う、決して「いいとこ取り」はできないのです。これを思考の軸に加えておくことで決断は確実に速まります。

５．「おおぜいの人」を「長い間」だますことはできない

怪しげな教義の新興宗教やカルト教団が一時的に信者を集める、というのはいつの時代にも見られる現象です。ただし、そういう団体の教えが国を席巻する大勢力になることはめったにありません。胡散臭い教祖が語る荒唐無稽な教えでも、たまたま失恋したばかりで心が弱っていたらつい信じてしまうかもしれません。それでも、全体で見ればおかしいものに対して警戒心を抱き、身構える人のほうが圧倒的に多いのです。そうした人たちをだますのは容易なことではありません。

まれにヒトラーのようなリーダーが登場し、国中が熱狂することもありますが、その場合も中身が本物でなければその熱狂は決して長続きしない、ということは歴史が証明しています。要するに、「一部の人」を「長い間」だますことや、「おおぜいの人」を「一時的」にだますことはできても、「おおぜいの人」を「長い間」だまし続けることはできないのです。

私が民主主義を信用している理由もそこにあります。決定に時間がかかるとか、大衆に

迎合する衆愚政治に容易に変質してしまうなど、民主主義がさまざまな問題を抱えていることはよく承知していますが、それでも参加者全員の意見を反映しているので、一時的には間違えても長期的にみれば必ず正しい方向に向かう、という安心感があります。少なくとも一部のエリートがすべてを決めるシステムよりはよほど信頼できるはずです。

「直感の精度」を高める

部下のもってきたこの企画は理にかなっているかどうか。あの人の意見は信用していいかどうか。そういうときの私の判断はかなり速い方だと思います。それは私が短気だからというだけではありません。深謀遠慮や沈思黙考には世間の人が思うほど効果がないことを、経験を通して知っているからです。

先ほど「人間は賢くない」といいましたが、かといって人間に生まれたことを悲観しなければならないほど人間は愚かな存在でもありません。あまりに無能で判断を間違えてばかりいるようなら、いまごろ人類はとっくに絶滅しているはずですが、そうはなっていない。それは、少なくとも「生きること」に関しては、私たちはかなりの確率で正しい判断ができるからではないでしょうか。

「人間は動物である」という前提にも関係しますが、猛獣に出くわしたり、山から岩が落ちてきたりしたとき、そこでいちいち熟考していたら命がいくらあっても足りません。つまり、私たちの祖先はそうした場面で何をなすべきかを、瞬時に判断していたのです。そのＤＮＡを受け継ぐ現代人に同じことができないはずがないと思います。

だいたい「よく考えた方が間違えない」という理屈があてはまるのは、最初から出題範囲や答えが決まっている学校のテストのような場合だけです。社会やビジネスの問題を解くときには「時間をかけてよく考える」というのは、必ずしも正しいとはかぎりません。そこには結果に影響を与える変数が無限にあるので、時間をかけて詳細に検討しても、判断の精度はそれほど上がらないのです。逆に判断に時間をかけることで、そこに欲や希望的観測という余計な要素が入り込んで精度が落ちる危険も高まってくる。

だから、私は「直感で決める」ことを大切にしています。最初に述べたように、この直感というのは「何も考えずに決める」ことではありません。人間の脳は問題に直面した瞬間に、頭のなかに蓄積されている情報を高速でサーチし、最適な答えを導き出すようにできているのです。つまり、脳が最速で必要な情報処理を行った結果が「直感」なのです。

直感の精度はその人のインプットの集積で決まります。だからこそ、日ごろから読書をしたり、さまざまなジャンルの人に会ったりして経験の幅を広げ、インプットの量を増やしておくことが大切なのです。そのように努めれば、直感の精度は確実に高まります。

特に直感の精度が求められるのはリーダーになったときでしょう。極論すれば、リーダーというのは、「わからないことを決められる人」のことです。現場をいちばん知っているのは部下であり、上司はその詳細まではわからないのがふつうです。わからないなかで、日々多くの判断を下していくことこそがリーダーの役割なのです。

インパクトは「仕事量×スピード」

ある日の午前中に、明日の会議で使う資料の作成を二人の部下に頼んだとしましょう。Aさんは午後早い時間にもってきました。必要な要素だけを入れ込んだいたってシンプルなつくりで、誤字も何カ所か見つかりました。一方、もう一人のBさんのつくった資料は会議の直前まで時間をかけただけあって、レイアウトや色づかいにも気を配った素晴らしい出来栄えです。誤字脱字もありません。

さて、この場合、評価が高いのはどちらだと思いますか？

私が上司なら、間違いなくAさんの方に高い評価を与えます。なぜなら、早く手元にもらえれば、それを見て追加資料を用意したり戦略を練ったりすることができるからです。多少誤字があったとしても、できあがりが早い分、修正の時間も十分にとれます。かたやBさんは、いくら出来栄えがよくても「時間をかけたのだから当たり前」という目で見られ、苦労の割には報われないといっていいでしょう。これまで日本の会社に多かったのは圧倒的にBさんタイプでした。「時間をかけてもミスのない完璧なものをつくることが重要だ」という考え方は、時間も経営資源も無限だという錯覚の代物です。長時間残業の問題も、元をただせば日本人のこの完璧主義と無縁ではありません。

しかし、これからの時代はこのやり方を踏襲していてもうまくいかないでしょう。繰り返しますが、私たちに求められているのは、すべてをゼロから考え、新しい価値体系を再構築していくことなのです。そのためには、毎度時間をかけて一つひとつのことにじっくり取り組むなどという悠長なことをいっている余裕はありません。猛スピードで考え、次々と試行錯誤を繰り返していかなければならないのです。

そういう意味では、優秀なサッカー選手をお手本にするといいと思います。彼らはボールをもらったときに、パスをするかドリブルをするか、それとも自らシュートを打つのかを一瞬で判断します。下手な選手はこのときに迷ってしまうので、その隙に相手に詰められてボールを取られてしまったりするのです。

私は、自分の部下には「小さなことでもすぐにどうするかを決めて早く行動を起こせ」と日ごろから言っています。判断に迷っている場合は「仮決め」でいいから、とにかく一旦結論を出す。決めてしまうことが重要なのです。あとになって間違っていたことがわかれば、そこで修正を施せばいいのです。判断材料が決定的に不足しているなど、どうしても保留せざるを得ない場合もそのままにはせず「今日のところは保留し、三日後に結論を出す」と決める。また、自分ではどうしたらいいのかわからない場合は、上司に聞いてもかまいません。ただし、その場合は「どうしたらいいですか？」と上司に一任するのではなく、「こうだと思うのですが」と、必ず自分の意見を付け加えることが重要です。

いちばんまずいのは、課題に対して優柔不断な態度をとることです。宙ぶらりんの時間は何も生み出しません。仮にでも結論を決めてしまえば、それがよかったのか悪かったのかを嫌でも考えるようになるので思考が深まります。また、一つ行動を起こせばそれに対して反応が起きる、そうしたらまたそこでベストだと思う行動をとる、それを繰り返すことで状況はよい方向に動いていくのです。

極端な言い方をすれば、迷ったらコインを放り投げてその表裏で判断をしてもかまわないのです。そんな決め方であっても、何もしないでぐずぐずしているより、ものごとは間違いなくよい方向に進むはずです。そうやって仕事や意思決定のスピードを上げていくと単位時間内にできることが増えていきます。つまり生産性が上がるのです。

それから、自分で決めてやりはじめたことは、新鮮なうちに一気にやりきってしまうというのもスピードを上げるコツでしょう。課題にも「鮮度」があって、もっとも集中できるのは取り組みはじめた新鮮なときです。私は怠け者なので、集中力が落ちた状態で長時間一つの課題にかかわるのはあまり好きではありません。だから、やると決めたらその日のうちにやり終えてしまいます。昼間のうちに終わらず夜の会食の時間が来てしまい、深夜にオフィスに戻って続きをやることもあります。それでも翌日に回すよりも効率よくできるのです。

時間というものは誰にとっても有限な資源です。それを効率的かつ有効に使える人は、今後ますます評価されるようになっていくでしょう。そう思って今日からあなたもスピードアップを意識してみてください。受け取ったメールには瞬時に返信する、そうしたことがよい訓練になります。

思考の時間が短くてすむのは、深く考える訓練ができているからです。眠りが深い人は短時間睡眠でも頭がすっきりするのと同じで、思考も深めれば深めるほど時間をかける必要がなくなるのです。

スピードは、その人の生産性を決定づける重要な要因です。「力＝質量×加速度」というニュートン力学の公式は仕事にもそのままあてはまるので、同じ量の仕事（≒能力）ならばスピードが速ければ速いほど、相手に与えるインパクトは強まります。「インパクト＝仕事量×スピード」なのです。

第2章

森を見る「タテヨコ思考」のすすめ

「社員がわけのわからない企画を出しても、まずは受け入れる。自分にわからないことはわかろうと努力するし、努力の結果わからなくても、決めることができる。飽くなき好奇心に支えられた順応性の高さを尊敬しています」

——マーケティング／松岡洋平

なぜ、私たちは間違えてしまうのか?

毎年発表される「大学生の就職人気企業ランキング」を見ると、誰もが知っている大手企業がずらりと並んでいます。また、ここ数年は、「新卒で入った会社に定年まで勤めたい」と考える人の割合が目立って増えているようです。

中国やインドのように、既にリーマン・ショック以前の状態を回復し、さらに成長を続ける国がある一方で、日本はいまだに不況の余波に苦しみ喘いでおり、力強い浮上の兆しがなかなか見えません。こうした状況では、「よらば大樹」という安定志向が正解だと多くの学生が考えるのは無理からぬことです。就職先として公務員の人気もずいぶん高まっているようです。でも、大きな組織のなかにいれば安心だ、というのは果たして本当なのでしょうか? そうであれば栄華を誇ったローマ帝国やモンゴル帝国が永く世界の覇権を握っていてもよさそうなものですが、現実はそうではありませんでした。

それに、ランキングに入っているような大企業に首尾よく入社できたとして、その後、本当に安定した幸せな人生が待っている、と言い切れるでしょうか？

確かに卒業後、誰もが名前を知っているような一流企業に入り、安定した収入を得て家族を養い、定年後はローンを払い終えた郊外の一戸建て住宅で悠々自適に暮らす、という成功モデルが機能していた時期もありました。しかし、そのモデルの賞味期限はとっくに切れてしまっています。「すべてを差し出す代わりに定年まで生活の面倒をみてもらう」という会社と従業員の関係も、終身雇用が崩壊したいまとなってはもはや幻想でしかありません。働き方にしても、上司や先輩がやってきたとおりにやればうまくいくなどと部下や後輩が考えているようなら、その会社はすぐに倒産してしまうでしょう。

つまり、大企業に入れば安泰だとか、忠誠を尽くしているかぎり会社は裏切らないだとか、上司や先輩が答えを知っているとかいうのは、高度成長期からせいぜいバブルまでの間の短い期間にだけ通用した「常識」であって、不変の真理では決してないのです。

けれども、私を含め、人間にはなかなかこうしたことがわかりません。今日身の回りで起こったことが明日も起こると無邪気に信じてしまう。あるいは、現在自分が善悪や正誤を決めている基準が単なる思い込みかもしれない、と疑うことができない。

特に日本人は戦後あらゆることがうまくいって、焼け野原から世界第二位の経済大国に一気に駆け上ったために、経済的にみれば自分たちもたいしたものだ、という自信をもってしまいました。いつまで経っても日本が不況から脱出できないのは、その成功体験があまりに強烈だったことも影響しています。以前はこれでうまくいったのだから、何かをドラスティックに変えなくてもせいぜい微調整で乗り切れる。日本人がゼロからものごとを考えることが苦手なのは、この期に及んでも心のどこかでそう信じているからではないでしょうか。


それから、日本人にとって「世界が閉じている」というのも、ゼロから考えることができないもう一つの理由だと言っていいでしょう。学校を卒業して会社に入ったばかりのころは、誰もがネクタイを締めて出勤し、初対面の人に名刺を差し出すという毎日に違和感を覚えます。しかし、たいていの人はしばらくすると、それがふつうだと感じるようになります。つまり会社という環境に適応するのです。

ある程度まで環境に適応することは、働くため、ひいては生きていくために必要でしょう。しかし、自分の考えをもたないままに適応すると、今度はそこで行われていることを相対化することができなくなります。会社だけで通用する特殊なルールがそれ以外のところにも当てはまる普遍的なものに思えてしまうのです。これは何も会社に限ったことではありません。業界のなかでそこにどっぷり浸かっている人は業界の常識を疑うことができなくなるし、さらに言えば、日本という閉じた世界に安住していて広い外の世界を見ようとしないから現状を打破する発想が出てこない、とも言えるでしょう。

「森の姿」をとらえよ

「この先も変化がない」と仮定すれば、先例にしたがったり周囲と同じやり方をしたりして知見を高めることは、確かに合理的な判断だと言えるでしょう。

しかし、実際には「変化がない」時代などあり得ません。そして、さらに現代は、起き続けた変化の結果をまとめて引き受けなければならない大変な時代です。変化はかつてより見えやすくなり、新たな局面が次々と展開しています。何も考えずに昨日と同じことをやっていたら間違える確率が高まる。「何が正しいのか」という問いに対しては、その都度いままでのやり方をリセットして最初から考えるほかないのです。

前に述べたように、人間というものは、皆さんが思っているほど賢くはありません。たとえば、先ほど挙げた人気企業ランキングですが、ちょっと歴史をさかのぼってみると一九四五年は石炭、一九五〇年は繊維、一九五五年は化学業界の企業が上位に名を連ねていました。いずれも当時の花形産業ですが、いまでは人気業種とは言い難いでしょう。でも、よく考えたら、同じ企業や業界がずっと右肩上がりで栄えていく方がよほど不自然ですから、ピークをつければ下がるのは最初から明らかだったともいえます。現時点の花形産業に就職すれば高値づかみになる可能性がきわめて高い。それなのに、毎年学生が殺到するのはその時点でピークを迎えているような企業ばかり。要するに、最高学府で勉強しても、十年後、二十年後を見通して行動することができない人がほとんどなのです。

こうした例は、ほかにもたくさんあります。周りが皆そうしているから何となくそれが正しいと思ってしまう。失敗が顕在化して自分が痛い目をみるまで気がつかない。人間というのはしょせんその程度の賢さの生きものなのです。これまで何かに成功したからといって自分は何事においても正しい判断が下せると思い込むのは大いなる勘違いなのです。私もいつも自分にそう言い聞かせています。

失敗しないためには、何事もゼロから自分の頭で考えなければなりません。しかし、これは口で言うほど簡単なことではないのです。長年慣れ親しんだものの見方や考え方を手放すためには、自分の感情を理性でコントロールしなければならないし、それに成功したとしても、今度は自分のなかに新たな座標軸をつくらなければ次の判断ができなくなってしまいます。

「自分の軸をつくる」といっても、何からはじめればいいのか迷うのがふつうでしょう。ここでいつも私が言っているのは「森の姿」をとらえよ、ということです。「森の姿をしっかりとらえなければ、木を育てることはできない」のです。森の姿を見る、というのは、つまりはいまの自分、いまの会社、いまの日本がどんな位置にあるのか、いままでよりも一歩引いた視点で俯瞰してみる、ということです。

どうやったら「森の姿」が眺められるのか。そのためには、見るべき木を定め、それと周りの木を比べることからはじめます。そして、個々の木に囚われることなく、視点を全体に広げていく。かつての木はどうだったのか、隣の木はどんな様子か、そうしたことをつぶさに観察し記録をとってデータを見ていくうちに、次第に森の姿の全貌が浮かび上がってくるのです。

答えは「タテ」と「ヨコ」にある

「森の姿」を見るための方法は大きく分けて二つあります。

一つめは、歴史から見ること＝タテ思考です。

人間というのは賢くはありませんが、それでも十数万年前に樹上生活に決別してアフリカの大地に降り立ってから今日まで淘汰されずに生きながらえているのは、出来が悪いなかにも難局を乗り切る知恵をもった人が少なからず存在していたからです。そして、「人間がこれまで何をしてきたか」という記録は、少なくとも過去五千年分くらいは残っています。

だから、手ごわい問題に遭遇したら、古今東西の歴史のなかから同じようなケースを探し出して、先達がどのように対処し、その結果どういうことが起こったかを調べてみるのです。うまくいっている事例が見つかれば、それをそのまま参考にさせてもらうことができますし、望ましくない結末の場合も反面教師として活用することができます。

「何百年、何千年前の事柄が現代にあてはまるのか？」と疑問に感じる人がいるかもしれませんが、私は有史以来、人間の脳の形状もサイズもそれほど変わっていないのだから、時代の影響はあるとしても、ある状況における人間の考え方や行動様式には基本的にそれほど差はないと考えています。

もう一つは、ほかの国や地域から見ること＝ヨコ思考です。

日本は四方を海に囲まれた島国であり、言語もほかの言語との互換性が低いために、どうしても市民が内向きになりやすい特徴があると思います。それはそれで独自の文化が育つなどよい面もありますが、既に述べてきたように、閉じた世界の内側だけを見ていると思考が硬直化・画一化して、斬新な発想が出にくくなります。そこで、私はいつも何か考えるときには、解を「日本の外の世界」に求めてみるようにしています。

たとえば、日本は現在少子高齢化や年金問題など、さまざまな社会問題を抱えていますが、ひとたび目を海外に転じてみると、ほかの先進国でも似たようなことが起こっていることがわかります。それらの国がどうやってそれらの諸問題と対峙し、どのような解決策を試みているかを研究することによって、日本がこの先どうしたらいいかというヒントを得る可能性は大いにあります。

また、他国と比べてみることで、日本国内では常識と思われていることが実は非合理でもっと効率のいいやり方がいくつもあったと気づく可能性もあります。「いままではこうだったから、この先も同じでいい」という考え方はもはや通用しません。これからは何が正しいかを局面ごとに自分で考えて判断していく能力が、個人・学校・会社、さらには国家にも求められています。そして、それができるようになるためには、現在自分が生活する居心地のいい空間を突き抜けること、そして「歴史というタテ軸」と「世界というヨコ軸」を自分のなかにもつことが大切なのです。

このタテヨコ思考こそが、自分なりの軸をつくるための最強の武器になるはずです。

タテ思考①「北京の空は汚い」は本当か

「タテ思考」というのは、歴史から学ぶことだとお話ししました。

ただし、これは巷間よく言われるような「歴史小説を読め」「時代劇を見ろ」という主旨の話とはちょっと違います。私も歴史小説は好きですが、これらはあくまで小説ですから都合よくつくられた部分が多い。私が薦めたいのは、多くの「昔の事実」から学ぶ、ということです。

「昔の事実なんてわかるわけがない」と言われるかもしれませんが、関連した歴史書・学術書を読み、データを眺めていれば、おのずと事実に近いところには到達できます。「いまはこうだけれど、昔はどうだったのだろう」と考え、時間軸を大きく過去まで伸ばし、歴史のなかから参考事例や比較対象を見つけてきて、それらとの関係性のなかから真実を導き出すのです。

二〇〇八年に行われた北京オリンピックでは、開会に先立って北京市内の大気汚染が問題になりました。急激な経済成長による自動車の増加や建設ラッシュの影響で、北京の空は年中スモッグで覆われており、屋外競技ができる状態ではない。開幕前からメディアはたびたびそのように報じ、実際、マラソンの世界記録保持者が大気汚染を理由にエントリーを早々と辞退したこともあって、日本選手団の健康を本気で心配する人も少なくありませんでした。

では、そのような北京でオリンピックを行うべきではなかったのでしょうか？

たしかに大気が選手の健康を損ねるほどの絶望的な状態であればそのとおりでしょう。しかし、「太陽がかすんで見えるほど空が汚い」とか「息苦しさを感じる」といったものは主観的な印象に過ぎないので、これだけでは正確な判断は下せません。

この問題に関しては、産業技術総合研究所の中西準子氏がもっとも的確な意見を述べていました。彼女のブログを読むと最初にこう書かれています。

「北京の大気汚染が酷いので、オリンピックに出場しないという選手がいるということが話題になった。オリンピックが開かれる北京の状況は、東京オリンピックの時と比べてどうだろうか？　東京の方が酷かったのではないか？」

これはまさにタテ思考です。市場経済を導入して急成長を続ける中国が、「もはや自分たちはかつての発展途上国ではない」と世界にアピールする絶好の機会と考えて、オリンピックの自国開催に踏み切ったことは想像に難くありません。そして、これは東京オリンピックのころの日本の状況と非常によく似ています。

東京オリンピックが開かれた一九六〇年代の日本も決して公害とは無縁ではなかったはず、そう考えた中西さんは北京の大気汚染がどれほどのものかを判断するために、オリンピックが開かれた一九六四年当時の東京の大気を比較対象としました。

すると、北京の大気に含まれる二酸化硫黄は二〇〇八年の東京と比べると約一〇倍という高い数値でしたが、一九六四年の東京はといえば、現在の北京よりもさらに約一・五倍という高い数値だったことが判明したのです。

北京の大気汚染が深刻だ、と聞くと中国への複雑な感情もあるのか、日本人はすぐに「オリンピックの開催地としてふさわしくない」というような極論に走りがちです。しかし、「東京オリンピックのときの方がもっと空気が汚かった」という事実がわかれば、現実を踏まえ共通の比較軸をもって冷静に建設的な議論ができるようになる。これがタテ思考の効果なのです。

中西氏は同じブログで「何か基準になる数字は、必ず覚えて、常にそれと比較するというようにした方がいい、これが私の考え方だ」という主旨のことを述べています。この言葉はぜひとも心に留めておくべきものだと思います。

タテ思考② 日本が中国に抜かれるのは「当たり前」

二〇一〇年中に、中国が日本のGDP（名目）を追い抜くのはどうやら決定的であるように思われます。そして、その瞬間に日本は長らく親しんできた「世界第二位の経済大国」という称号を失います。

これで急拡大する中国経済に警戒感を抱く人がさらに増えるのでしょうが、私にはそうした意識はまったくありません。いまさら何をかいわんや、と思うからです。

世界銀行はＧＤＰを購買力平価で表示したランキングを毎年発表しています。それを見ると中国は二〇〇一年の時点で既に日本を上回っているのです。また、同じく二〇〇八年のＧＤＰを購買力平価に均して世界に占める割合を比べてみると、概算でアメリカが二〇％、中国が一一％、日本が六％となっています。オバマ政権になってから日本を素通りして中国にすり寄りはじめたアメリカを見て、メディアは「ジャパンパッシングだ」などと恨みがましく非難していますが、この数字を見ればその理由は明白です。中国のＧＤＰは日本の二倍近いのですから、アメリカにとっての重要度も少なくとも経済に関しては中国の方が二倍大きい、と考える方が道理なのです。

また、日本が中国に抜かれるなんて屈辱的だ、などといきり立つ必要もありません。各国のＧＤＰの割合（世界シェア）を二〇〇〇年という超長期スパンで見てみると、トップはほとんど中国とインドなのです。アヘン戦争直前の一八二〇年でも、中国は世界のＧＤＰの三二％を占めており、ダントツの一位でした。ちなみに二位はインド（正確には大英帝国の一部）、日本は十位のちょっと手前、というところです。

その後、中国はアヘン戦争で大英帝国に負けて国力を大幅に落としますが、人口規模から考えると、世界全体における中国のＧＤＰシェアは二〇〜三〇％が適切であると考えるのが自然です。つまり、現在の中国はようやくアヘン戦争以前の正常な状態に「戻りつつある」のであって、決して身の丈以上の成長をしているわけではなく、「中国が伸びた」というよりは「中国が戻ってきた」という表現の方がふさわしいのです。

それから、年代ごとに人口の多い都市をリストアップしてみることでも、意外なことがわかります。たとえば、紀元一〇〇〇年の上位十都市は次のようになります。

1、コルドバ（スペイン）
2、開封（中国）
3、コンスタンチノープル（トルコ）
4、アンコール（カンボジア）

5、京都（日本）
6、カイロ（エジプト）
7、バグダッド（イラク）
8、ニーシャープール（イラン）
9、ハサ（サウジアラビア）
10、アンヒルバーダ（インド）

（注）Tertius Chandler, Four Thousand Years of Urban Growth: An Historical Census（1987）より

大都市はアジアに集中しているのがよくわかるでしょう。欧米では唯一入っているコルドバもこの時代はアラブ（イスラム）帝国の（後）ウマイヤ朝の首都でした。欧米が栄えるのは近代になってからで、それまではずっと「アジアの時代」だったのです。

タテ思考③　歴史は三歩進んで二歩下がる

日本は戦後、バブルが崩壊するまで、ずっと右肩上がりの高度成長を続けてきました。しかし、その後は低迷を続けたままです。政府がきちんとした政策を行えば、この先なお毎年二～三％の経済成長は可能だ、と主張する学者もいるようですが、私はそうは思いません。なぜなら、一つの国が永遠に発展し続けるというような事例は、人類五〇〇〇年の歴史のどこを探しても見つからないからです。

人間だってそうでしょう。自慢ではありませんが、私は小さいころから足が速くて中学～高校時代は一〇〇メートルを十二秒ちょうどくらいで走っていました。ところが大学生になると十三秒でも走れなくなってしまった。トレーニングをすれば違ったでしょう、と言われるかもしれませんが、中学生のときだってほとんど何もしていなかったのは同じです。のちに人間の運動能力のピークは十七～十八歳くらいだと知って納得しました。人間は動物ですから、全盛期を過ぎたらいろいろな能力が落ちるのは自然なことなのです。私は年齢に抗うようなことにはあまり関心がありません。

そして、個々の国家にも、この「全盛期」という概念は当てはまると思います。GDPの世界シェアで具体的に見ていくと、各国の全盛期は、フランスがナポレオン２世の十九世紀中葉、イタリアがルネサンス盛期の十五〜十六世紀、英国がヴィクトリア女王の治世である十九世紀後半、ドイツが第一次世界大戦直前、アメリカが第二次世界大戦直後、そして、エジプトがクフ王のピラミッドをつくった紀元前の時代、日本が経済的な絶頂を迎えたバブル期の一九九〇年前後、といったあたりではないでしょうか。

ただ、人類の歴史全体を見ると、いまだ進化の途上にあると言っていいのかもしれません。中世は地域の問題はその地域で解決するしか方法がなかったため、飢饉や凶作に見舞われればその地域の経済が激しく落ち込み、なかなか立ち直れませんでした。しかし、近代になって輸送機関や情報網が発達すると、空間や時間が致命的な制約条件ではなくなり、足りないものはすぐに他国から輸入することが可能になったので、景気のブレが小さくなってきました。

現代ではさらにグローバリゼーションが進み、空間も時間もほとんど制約条件ではなくなってきています。よい例が二〇〇八年に起きたリーマン・ショックでしょう。一九二九年の大恐慌時と比較すると世界はずいぶん短期間で秩序を取り戻したように見えますが、それはインターネットの発達や各国の中央銀行の連携などで各国の距離が八十年前とはケタ違いに縮まっていたからです。

けれども、歴史の進化を単純な上昇曲線でとらえようとしたら、間違えてしまいます。「三歩進んで二歩後退」を繰り返しながら、結果として少しずつ進化していく。これが私の考える歴史のイメージです。

ヨコ思考① フランスに学ぶ少子化対策

日本が現在直面している最大の課題は少子化だと思います。なぜなら、少子化は人口の減少につながるからです。どの時代の歴史を見ても人口が減って栄えた国や地域はありません。

この理屈は簡単です。莫大な資本を投下して巨大なショッピングモールをつくったとしましょう。商圏となる町にはおおぜいの人が住んでいるのに、昔ながらの商店街しかありません。そうしたら、おそらくこのショッピングモールは繁盛するでしょう。すると、次はそのショッピングモールに来るお客さんを当て込んだレストランや土産物屋などが続々と進出してくるので、その地域にはますます人が集まるようになり、繁栄していきます。ところが、その地域にたいして人が住んでいなければ、どんなに魅力的なショッピングモールをつくってもお客さんでいっぱいになることはないし、もちろん追随して出店するところも出てこない。つまり人口が少ないところには、人がモノやお金を運んでくるといったダイナミズムが生まれないのです。

日本の少子高齢化の進み方が著しいのは事実ですが、世界の先進国には同様の問題に直面している国が少なくありません。だから、目を世界に転じる「ヨコ思考」でこの問題を考えてみましょう。

少子化問題を考えるにあたって、私がよく参考にしているのがフランスの諸制度です。二〇〇八年の出生率二・〇二を誇るフランスですが、一九九四年の出生率は一・六六でした。これを引き上げたのは矢継ぎ早に出された各種の対策と法整備です。ここには、日本にも見習えるヒントがたくさんあります。

定住人口を増やそうと思ったとき、とるべき方法は（1）子どもを産みやすくする、もしくは（2）外国の人に移住してもらう、という二つしかありません。

子どもを産みやすくするという視点で見ると、日本の政治家は「子どもを育てやすい社会にする」ということをほとんど考えていないのではないかと思えてなりません。

私はずっと「国会議員は一度でもいいから全員、一〇キログラムの石を乗せたベビーカーを押して都内を移動してみたらいい」と言い続けているのですが、自宅からＪＲや地下鉄を乗り継いで国会議事堂までいったい何人が苦労せずに来られるか、今でもぜひやってほしいと思っています。エスカレーターやエレベーターのないところで赤ちゃんを抱っこして重いベビーカーを担ぎ、階段を上り下りするのがどれだけ大変なことか、これは実際に経験してみないとわかりません。そうした基本的なバリアフリーができていない場所が都心ですらたくさんあるのです。これは、これまで政治家が子育てというものに真剣に向き合ってこなかったことを見事に象徴しています。

フランスでは、専業主婦よりも働く女性の出生率が高い、というところにも注目すべきです。一般的に言えば、外で働く女性はアクティブですから、安心して子どもを産める環境さえあれば一人より二人、二人より三人と、たくさん子どもが欲しいと思うようになるのでしょう。日本も、本気で女性たちに子どもを産んでほしいと願うなら、たとえば都心の主要駅や雇用者一〇〇人以上のオフィスには二十四時間体制の託児所を併設すべし、と法律で決めればいいのです。駅の容積率をいまよりも一〇〇％上乗せし、増えた分の賃料を託児所の運営費に充てるようにすれば、利用者の負担もずいぶん抑えられるでしょう。こうしたインフラが整っていれば、保育園の送迎時間を心配せずにすむようになり、働く女性が子どもをもつハードルがぐんと下がるはずです。

子どもを巡る法整備にも問題があります。

「結婚していない親から生まれた」というだけで生まれてくる子どもが法的に異なった扱いを受ける、という状態は大問題だと考えています。誰が考えても明らかなように、子どもには何の罪もありません。ここは早急に民法改正に踏み切るべきです。

フランスでは一九九九年からPACS（パックス／連帯市民協約）という、非婚カップルも結婚している夫婦とほぼ同様の法的権利を得られる制度が導入されています。同性どうしのカップルでもOKなのですが、現在この制度を利用する圧倒的多数は異性のカップルです。もちろん親がPACSであっても、それを理由に子どもが不利になるようなことはありません。「子どもは次代の社会・文化の担い手なのだから社会全体で育てよう」という合意がフランス社会にはあるのです。そして、実際に今では子どもの半数がPACSの親から生まれています。このように考えれば、夫婦別姓法案も早急に国会にあげて、可決するべきです。「日本の伝統」を心配する向きもあるようですが、平安時代を想起すれば、日本も昔は夫婦別姓の国だったことがよくわかります。そして、世界の先進国で法律婚の条件に同姓を強要している国は、日本以外にはどこにもないのです。

もう一つ、「移民の受け入れ」も少子化対策として無視することができない要素です。

少し時代をさかのぼって紀元前一五〇〇年のバビロンの様子を見てみましょう。

繁栄を極めたバビロンでは、都市住民が豊かになり、女性が文字を学ぶようになって出生率が半減していきました。少子化は女性の識字率と反比例するといわれていますが、バビロンの総人口は減りませんでした。このとき、バビロンで何が起こったのでしょうか？　いままで一〇人の子どもを産んでいたバビロンの女性が五人しか子どもを産まなくなると、バビロンには新たに子ども五人分の生活空間が生まれます。すると、それを見た辺境のザグロス山脈に住むカッシート人やアラム人たちが大都市バビロンにやってきて商売をはじめ、そこで暮らしはじめました。カッシート人やアラム人は字が読めず、子どもをたくさん産むので、バビロンの人口は増え続けたのです。

いまのアメリカに起きている事態も、これに近いことだと思います。

そして、この点でもフランスの対策は早かった。グローバリゼーションのあおりを受け、国内でも至るところでアメリカ化が進みつつある状況に危機感を抱いたフランス政府は、国外から移民を積極的に受け入れることにしたのです。

文化というのは突き詰めていけば「言語そのもの」です。この先フランス文化がじり貧になるのを防ぐためには、フランス語を話し理解する人を増やす以外に方法はない、そう政府や国民は考えました。旧植民地の北アフリカにはフランスに移住することを望んでいる人がおおぜいいます。そういう人をどんどん国内に移住させ、フランス語教育を施せばいいと考えたのです。移民は出生率が高いこともプラスに作用し、効果はすぐに表れました。過去二十年間の人口統計を見ると、フランスの人口は一貫して増え続けています。

もちろん、移民受け入れにはたくさんの問題もつきまといます。フランスでもたびたび移民排斥運動が起きているのも事実です。

しかしながら、人口が減り続ける国家や地域に繁栄はあり得ない、そして歴史上の豊かな国や都市では移民が人口を下支えしてきた。これは紛れもない人間の歴史的な事実です。感情論に走らず、先を行く多くの国々の取り組みから学ぶべきことはもっとあるはずです。

ヨコ思考②　「日本の常識」は「世界の非常識」

最近の若い人はあまり麻雀をやらないようですが、麻雀は自分の好きな手ばかりをつくっていたら絶対に勝てないゲームです。ほかの三人にどんな牌が流れ、何を考えながら打っているのかを推理しながら自分の手を進める、つまり、「木だけでなく森を見る」ことが麻雀で勝つための秘訣です。日本の問題を考えるときは、世界中の国々と麻雀卓を囲んでいると思えばわかりやすいのかもしれません。ただし、いまのところ日本はあまりいい打ち方ができていないようです。

まず日本が手を打つべきは「女性の地位向上」に対するものでしょう。

ジェンダー・エンパワーメント指数（ＧＥＭ）という言葉をご存知でしょうか？　政治や経済活動に女性がどれくらい参画しているかを示す指数であり、二〇〇八年に国連開発計画が発表した数字を見ると日本のＧＥＭは〇・五七五で、一〇八カ国中五八位と先進国としては最低レベルのところに位置しています。

これはどういうことかというと、ほかの先進国に比べて日本は圧倒的に女性の活用ができていない国だということです。トヨタ自動車、新日鐵、東京電力といった日本を代表する企業には現時点（二〇一〇年五月）では女性の役員が一人もいません。人類の半分は女性だというのに、その半分の才能に活躍の場が与えられていなければわが国の国際競争力が落ちるのも仕方がないことでしょう。

その次に手を打つべきは「教育」だと思います。

日本は既に斜陽化しかかっているのですから、教育で人材の底上げを図ることが急務です。それには小中学校のゆとり教育の是非などを議論するよりも、まずはいまいる大学生がもっと学べるようなシステムをつくることからはじめるべきだと思います。

欧米の大企業や国際機関の幹部を務める人には優秀な人がたくさんいます。そういう人たちと話すと、例外なくマスターやドクターの学位をもっている。社会に出てから大学院に入り直したりして徹底的に勉強してきているのですから、優秀なのは当たり前です。

一方、日本の企業には研究職を除くと、大学院卒の人はめったにいません。では、なぜ日本企業にはマスターやドクターが少ないかというと、名だたる大企業がいまだに学部新卒の一括採用システムをとっているからです。「仕事に就けるチャンスはここしかない」となれば、学生もそこに焦点をあわせざるを得なくなる。しかも、最近は三年生のうちに採用が決まってしまうことも多いので、大学生がまともに勉強できる期間は実質二年しかありません。世間に出てからグローバルに戦う相手は大学院までしっかりとトレーニングを積んでいるのに、こちらは学部でわずか二年間しか勉強していない。これでは戦う前から勝負がついているも同然です。

これを正すのは極めて簡単です。就職活動の動向を左右するような経団連参加の大企業が「うちの会社は大学在学中は採用活動を行わない」「うちは大学院生しか採用しない」などと宣言すればいいのです。

ライフネット生命はまだ小さなベンチャー企業ですが、二〇一〇年度から新卒の定期採用を開始しました。ライフネット生命における新卒の定義は「三十歳までの未就業者」としています。ゆっくりじっくり、いろいろなことを学んできた人と一緒に働きたいと思っているからです。

ほかにも、ヨコ思考で考えればＧＤＰの二倍にも及ぶ財政赤字や国会議員に占める世襲議員の割合が突出して高いことの異様さもよくわかります。世界のなかで日本がかなり危うい立場にあるということは、データを見てタテヨコに比較すれば一目瞭然なのです。

「昔の人はどうやって乗り越えてきたのだろう」というタテ思考、「ほかの国ではどのようになっているのか」というヨコ思考。思考をタテに掘り、ヨコに広げていくことが、自分なりの軸を築き、磨き上げるもっとも確実な方法です。

人間という生きものは、そう賢いものでも変わるものでもないのですから、自分がいま問題にしていることに対する答えやそれに近いものをもっている人は、タテヨコに広く視野をもって探せば、必ずどこかに見つかるはずなのです。

第3章

「多様なインプット」で直感と論理を磨く

「いつも物腰柔らかでジェントルマンだが、ときには瞬間湯沸かし器になることもある。トップにありがちな唯我独尊的なところはなく、周りの意見はとても丁寧に聞く。どの若手社員よりパワフルに働き、そしてライフネットのことが好きで好きでたまらない。会社のことをいちばん近くから観察し、会社の未来をいちばん遠くまで見据えている」

——プロジェクトマネジメントオフィサー／名代敏之

インプットの「絶対量」を増やす

「新しい企画を考えろ」と言われてもなかなか思いつかない、決断を迫られてもとっさに決められずつい先延ばしにしてしまう。論理的に考えたり話したりするのが苦手……。

こういう悩みを抱えているビジネスパーソンが多いので、発想法や決断力やロジカルシンキングをテーマにしたビジネス書が売れるのでしょう。その手の本はほとんどがコンサルタントやコーチングのプロといった人たちの手で書かれているので、ちゃんと読んで実行すれば、それなりに役には立つのだと思います。

けれども、解決策としてそういう本を読むのは有益なことでしょうが、私はそれより先にやることがあると思います。それは「インプットの絶対量を増やす」ということです。私が見るかぎり、日本のビジネスパーソンはインプットが質・量ともに少な過ぎます。仕事が思うようにいかないのはたいていの場合、インプット不足に原因があるといってよいと思います。つまり、技術やノウハウ以前の問題なのです。

何かを思いついたり、判断したり、論理を構築したりする行為を思考といいます。そして、あらゆる思考が行われているのは頭蓋骨のなかに格納された脳のなかです。脳は外界と接することができないので、目や鼻や耳や口や手足などのほかの器官を通じて情報を運び込んでやらねばなりません。私たちはそうやってこの脳にストックしたさまざまな知識や情報を必要に応じて引き出したり組み合わせたりして、その結果を自分の意見や判断としてアウトプットしているのです。これは小学生だってアインシュタインだってまったく同じです。

たまに「アイディアが降りてきた」とか「天啓がひらめいた」とか言う人がいますが、これだって実際はもともと自分の脳に格納されていて意識していなかったものが、何かの拍子に顕在化したというだけのことでしょう。まかり間違っても宇宙や異次元からの発信を脳がキャッチしたのではないことは確かです。

要するに、思考の材料になるのは、どこかの器官を経由して、脳にインプットされている情報だけなのです。どんなに素晴らしい頭の使い方を学んでもインプットの絶対量が足りなければ判断の精度は高まらないし、発想の幅も広がらない。また、そういう人がいくら論理的に説明しようとしたところで説得力は高まらないのです。

前章で、軸をつくるためにはタテヨコ思考が有効だという話をしましたが、これに関しても同じことです。古代ローマ史を知らない、中国の古典など読んだこともないという人が歴史に解を求めようとあわてて年表を引っ張り出してきたところで、得られるものはあまりないでしょう。ほかの国の事例を参考にしようにも、日ごろから新聞を読んだり海外ニュースを見たりしていなければ、その意味するところを理解するのは無理だというものです。

「量」と「幅」を意識する

インターネットの発達によって、世の中に流通する情報の量は、飛躍的に増加しました。最新の学術論文ですら、発表された直後にもう自宅のパソコンから読むことができるのですから、まったく夢のような時代です。

しかしながら、そこには正確でなかったり明らかに間違いだったりするものも数多く含まれています。そういう意味では玉石混交で、それもかなり石のほうが多いといってもいいでしょう。それで一般的には「インプットする際は、情報をよく吟味して、信頼性の高い、自分にとって有用なものだけを選び出すことが重要だ」と言われているようです。でも、私は必ずしもそうは思いません。

私のインプット方法は「最初は自分で選ばず、とにかく大量に取り込む」というものです。自分に役に立つ情報だけを抽出することができればそれに越したことはありませんが、そんな芸当が最初からできるわけがありません。それであれば、自分のアンテナにかかったものはとりあえず片っ端からインプットする、と決めてかかるのです。「そんなことをしたら時間がムダになるのでは」という心配も要りません。必要か必要ではないかと迷っている時間の方がもったいないないし、取り込む情報の量が多ければ多いほど処理速度は上がるからです。ときには「毒」にあたることもあるかもしれませんが、多少は痛い目をみなければ何が真実で何が偽物かを見分けられる目は養われないし、有益な情報を選別する勘だってうまく働くようにはなりません。人間は失敗を通してしか本当には学べないという習性がありますから、失敗の機会もまた多い方がいいのです。

そうやってインプットの蓄積を増やしていくと、あるところを境にして、あたかも水槽の水があふれ出るようにラクにアウトプットができるようになる瞬間がきます。そうならないうちはまだまだインプットが足りないのです。

「量」と同時にインプットの「幅」も大切です。よく「自分の仕事や趣味の話ならいくらでもできるが、それ以外の分野のことにはまるで関心がない」という人がいますが、こういう姿勢だと、ものの見方や考え方が硬直化してしまい、肝心の自分の専門分野でも柔軟な発想ができなくなってしまいます。

とはいえ、書店に入ったらどの棚の前に立つかということがだいたい決まっているように、自分から未知の分野の情報を積極的に集めることは、なかなかしんどいこともまた事実です。

そこで、インプットの幅を広げるためには、生活のどこかを変えてみるといいと思います。たとえば、ランチをいつも同じところで食べている人は「これから三カ月間はいままで一度も入ったことのない店で食べる」とまず自分で決めるのです。そうするとイタリアンは嫌いだとか、この店は雰囲気的に入りにくそうだとかいう理由で敬遠していた店にも行かざるを得なくなります。そういう店にもしぶしぶ足を運び、慣れないメニューを眺め、いつもと違ったお客さんの会話を耳にするようになると、それがそのままインプットの幅を広げることにつながります。

ちなみに、私は有楽町のオフィスに勤めていたときには、銀座の一丁目から八丁目までのレストランのランチを軒並み制覇しました。もっとも、私の場合はインプットの幅を広げるためというよりは、いろいろな体験ができることがとにかく楽しかったからなのですが。

アウトプットの機会を強制的につくる

インプットを増やすためには、逆立ちするように考え、アウトプットの機会を強制的に設けることも有効だと思います。

私が日本生命で働いていたころの部下はとても優秀な人が多かったので、私は「ひたすら仕事を与える」という方針で臨んでいました。周りからは、冗談半分で「エサを詰め込んで太らせる＝北京ダック方式」とも呼ばれていたようです。

このとき、私が特に意識していたのは、部下にアウトプットの機会を与えることでした。なかでも特に「書く機会」をもたせることを大切にしていました。私自身、書くことで自分の頭が整理され、次の仕事の質が高まることを実感していたためです。

たとえば、あるときには生命保険の業界研究誌に頼んで掲載枠をもらって、そこに部下に論文を書かせていました。保険のプロが読む雑誌ですが、寄稿する人が少ないので雑誌側は大喜びです。年間六回程度の枠をもらい締め切りを指定してもらったら、部下を集めてアミダくじを引かせて書く順番を決めます。部下にしてみれば締め切りが決まった大きな仕事がいきなり降ってくるわけです。しかも、雑誌の読者は同業者ばかりですから、いい加減な内容でお茶を濁すわけにもいきません。

部下には「テーマは自由、私がいくらでも相談に乗るから」と言っていましたが、「いまの仕事で手一杯ですよ」と反発してくる人もいました。そういうときには、「これは一石三鳥なんだよ」と言って説得します。「一つには君が賢くなるでしょう。二つには多少なりとも原稿料が出る。最後に、もし優秀賞をとったら業界で有名になれるし、社内の評価だって高くなる」と口説いて、「こんなにいいこと尽くしなのにやらないのはバカげている」と続けると、たいていの部下は納得してくれました。

締め切りのあるまとまった量の課題に対し、ある程度の質のアウトプットを続けると人の能力は格段に上がる。この経験でそれを確信しました。

人間はワイン、気候・風土の産物

日本生命で働いていたときの社外の友人で、ワインに非常に詳しい人がいました。彼と飲みにいくとほとんどの時間がワインに関する講釈に費やされるのです。その頃、私はワインのことなどまるでわからなかったので毎回神妙な顔でそれを聞いていましたが、だんだんそれにも飽きてきて、自分もワインのことを勉強してみよう、と思い立ちました。

そこで図書館でワインに関する本を一〇冊ほど借りてきて、片っ端から読んでいったのです。一カ月ほどかけてすべてを読破したところで、折よく彼から誘いがきました。出向いてみると、今度はそれまでちんぷんかんぷんだった彼の説明が余すことなく理解できるだけではなく、彼の知識の足りない部分や間違いまでがわかるのです。おそらく彼も耳学問だったのでしょう。

知識が豊富になると、次は自分で飲んでみたくなります。そこで覚えたワインを端から飲む、ということをしばらく続けました。店に入ったらメニューのなかからまだ飲んでいないワインを探し出し、料理との相性もおかまいなしに頼むのです。いまから考えるとバカバカしい限りですが、そのときは名前を知ったワインの味をすべて自分の舌で確かめたい一心でそんな飲み方をしていました。おかげでかなり散財をしてしまいましたが、初期の目的はほぼ達成できました。もちろん、皆さんにはこんなバカげた飲み方はお薦めしません。ちゃんとしたレストランであれば、有名なワインよりもソムリエの薦める食事に合ったその土地のワインを飲むことがいちばんおいしい飲み方であることは明らかです。

ワインに少しだけ詳しくなってから、よく思い出すエピソードがあります。

私は若い頃、国際政治学者のヘンリー・キッシンジャー博士にお話をうかがったことがあります。キッシンジャー博士は「人間はワインと同じだ」と表現していました。「つまるところ、人間は気候・風土の産物だ。要するに、世界中すべての人間は自分の生まれた土地を愛し、自分のご先祖さまが立派な人であってほしいと願っている。人間はそのように愚かしい生きものだ。しかしこれが現実である以上、私たちは必死に地理と歴史を勉強し、時間の許す限り、自分の足で世界を歩いてみないと、世界中の人と胸襟を開いて話し合うことはできない」という趣旨のことを言っていたのです。

この言葉は今でも強く胸に残り、私の生きる上での指針となっています。

読書を血肉にするために

私の「インプット」のかなりの部分は本からきています。

私は幼いころから本が好きで、小学校・中学校と学校の図書室にある本はほとんど読んでしまったという、いわゆる「本の虫」でした。しかも、その本好きは還暦を過ぎてもまったく変わっておらず、今でも一週間に五冊程度の本を読んでいます。どんな種類の本でも読みますが、特に歴史や絵画、宗教、それに生物学や宇宙に関する本には目がありません。もちろん小説や文学書も大好きです。

読書というのは食事と似ています。何を食べたかは忘れてしまっても、栄養分は確実に身体に吸収されてその人の骨や筋肉やエネルギー源になっている。これと同じように、読書で得たインプットはたとえその詳細を覚えていなかろうが、確実に脳に蓄積されており、その人が思考する際に使う軸の基礎を形づくるのです。

「歴史に残る偉業を成し遂げた人」に共通する特徴は何だと思いますか?

それは、フランス革命時におけるナポレオンのように「風が吹いてきたときにそれを逃さず瞬時に帆を上げることのできる体力と知力と勇気、それと強運をもっていること」です。単に才能に秀でているだけではダメなのです。こういうことも偉人と呼ばれる人たちの伝記を何冊も読んでいると自然とわかってきます。冒頭に述べたように、私が誘いを受けて一時間足らずでライフネット生命をつくることを決められたのも、「風をつかむタイミングを逃してはならない」ということが、読書を通じて頭のなかに刷り込まれていたからでしょう。

本というのは栄養ですから、たくさん読んでいれば自然と身についてきます。私は本を読むときに線を引いたり、書き込みをしたりはしません。その代わり、書かれていることが気になったら、同じ著者の本をまとめて全部読みます。そうすると、その人のものの見方や考え方が自分のなかに取り込める、つまりは血肉化するのです。

「本を読む習慣がない」という人もいるでしょうが、そうした人は、前の食べ歩きと同じように、自分のなかに「緩いルール」をつくるとよいと思います。たとえば、芥川賞や直木賞の受賞作品を端から読む、あるいは新聞の書評欄で取り上げられているものを毎週最低一冊は読む、というように決めてしまう。それから、人から薦められた本は四の五のいわずにすぐに買って読む、というのもお薦めのルールです。

本は高くてもせいぜい数千円とそれほど大きな投資ではないですし、つまらなければ読むのをやめればいいだけの話なので、ここで躊躇するのはもったいないと思うのです。

まずは「分厚い本」から読む

読書について、技術的なことも一つだけ紹介しておきましょう。

ある分野の知識を早急に身につけなければならない場合は、関係ありそうな本を一〇冊ほど手元に用意し、「いちばん分厚く難解そうな本から」読んでいくこと。私の経験上、これがもっとも効率のよい方法です。

なぜ分厚い本が先なのか？　一見、薄い入門書からだんだんと専門性の高い厚い本に進んでいくほうが理にかなっているように思えますが、実はそうではないのです。一般的に薄い入門書は、内容を抽象化してコンパクトにまとめたものですから、相当部分が省略されているといっていいでしょう。全体像が把握できていれば、省略されている部分もある程度まで類推できますが、全体像を知らずに要約をいくら読んでもその分野を体系的に理解することはできません。つまり、いきなり入門書を読んでも、そこに書かれていること以外のことには想像力が広がらないので応用が利かない。だから、入門書だけ読んでいても時間のムダになる可能性が高いのです。

一方、分厚い本というのは多くの場合、その分野に関することが網羅的に書かれているので、基礎的な知識がない人にとっては読むのに相当骨が折れますが、頑張って読み通せば全体の輪郭が見えてきます。そうしたらもう何冊かこの手の本を読んでみる。わからないところがあってもかまわないし、ノートにまとめる必要もありません。だいたい四、五冊読むと、知識もそれなりに増え、おぼろげだった輪郭がだんだんはっきりしてきます。そこで薄い入門書を開くのです。そうすると、それまで混沌としていた部分がすっきりして、何が大事で何がそうでないかが一気にわかります。つまり、入門書というものは、既にある程度下地ができている人が、知識や情報を整理するためにに利用するときにはじめて本当の威力を発揮するものなのです。

パン職人から学ぶ上質のインプット

ライフネット生命のオフィスの近くに「シェ・カザマ」という老舗のパン屋さんがあり

ます。創業者でシェフを務める風間豊次さんは、パンを焼きはじめてから五十年を超え、エリザベス女王や皇后陛下のパンを焼いたこともあるという、たいへん腕のいい素敵な方です。

その風間さんに、直接お話をうかがう機会がありました。

中学を卒業してすぐにこの世界に入った風間さんは現場一筋で修業を続けますが、あるとき、「一流になるためには、もう一段上の勉強が必要だ」と気づきます。

パンづくりは西洋が本場ですから、海外で学ぶ機会ももちろんあったのですが、それをさらに本格的にやるとなると英語やフランス語を一から勉強しなければなりません。机の上の勉強から遠ざかっていた風間さんはそれにはあまり乗り気になれませんでした。そして、考えた末に出した結論は「それなら毎晩銀座で飲もう」。ヤケになったわけではまったくありません。夜な夜な銀座のバーに集う一流の人たちの洗練された会話を聞いていれば、自分のセンスも磨かれるだろう、それをパンづくりに活かそうと考えたのです。

当然、連日銀座の一流店に通えば相当のお金がかかりますし、体力的にも大変です。しかし、「これ以上効率的に、自分にとって必要な知識を手に入れる術はない」と確信していた風間さんに躊躇はありませんでした。そして、実際にその体験からヒントを得て、パンを装飾品として使う「パン細工」への挑戦がはじまります。

風間さんが独立して自分の店をもったのは五十三歳のとき。このとき銀行から借りた一億円近いお金はわずか五年で返済したそうです。それくらい風間さんのつくるパンは、開店当初から人気があって多くの人の支持を集めたのです。それは、きっと風間さんのパンに「上質なアウトプット」がたくさん詰まっていたからでしょう。風間さんのように「人から何かを得る」というのは、インプットを増やす最高の手段でしょう。

とはいえ、相手がいつも同じではインプットの幅は広がりません。私は三十歳からライフネット生命設立プロジェクトをはじめるまでの約三十年間、家で夕食を食べたのはおそらく一回だけだと記憶しています。誇張ではなく、本当に毎晩誰かしらと飲み歩いていたのです。

会食の相手はいつも社外の人でした。飲んで社内コミュニケーションをはかるという効能を否定するつもりはありませんが、同じ会社の人と飲むといつも仕事の話になってしまうのが何となく嫌だったのです。昼も仕事、夜も仕事では、朝昼晩と肉ばかりを食べているようなものでバランスがよくありません。昼間に肉を食べたなら、夜は魚や野菜を食べてこそ栄養バランスが保たれるというものです。強く意識していたわけではありませんが、さまざまな相手との会食は「限られた時間で多様なインプットをしたい」という私の気持ちの表れだったのでしょう。

「会いたいと思った人にはすぐに会いにいく」「食事やお酒に誘われたら誰であろうと断らない」「呼ばれたらどこにでも行く」というのがいまも私のモットーであり、皆さんにもお薦めしたいことです。苦手なタイプの人からの誘いに応じるのは多少気が重いかもしれませんが、一見とっつきにくそうな人であっても話してみると意外な情報をもっていたり、新鮮な刺激を与えてくれたりすることがよくあります。だから、「誘いにはとりあえずのってみること」を基本にしましょう。行ってみて面白くなければ「ちょっと、明日の朝が早いので」などといって帰ればよいのですから。

世界を旅し、迷ったら「細い道」

日本生命で営業をやっていたころ、日本全国の神社を回ったことがあります。

きっかけはあるお客さまとの出会いでした。その方は、会えばいつも神社の話ばかり。何度も聞いているうちに、「そういえば自分は日本人なのだから、神社のことぐらいもっと詳しく知っておいた方がいいだろう」という気持ちになってきました。それでその方に「何から勉強したらいいのでしょうか？」と尋ねたところ、「まずは主だった〝一宮《いちのみや》〟を見て回ったらどうですか？」とアドバイスを頂いたのです。

一宮とは、簡単に言うと「各地域でもっとも格の高い神社」のことで、全国に百あまりあるとされています。奇しくも全国の県庁が営業先だった私は、地方出張のついでに時間があればその土地の一宮に足を運ぶようにしました。神社に行ったらまずお参りをして、それからその神社の由来（縁起）を読み、わからないところは宮司《ぐうじ》さんに直接うかがう。こういうことをしばらく続けているといろいろなことがみえてきます。

神社にもいくつかの系列のようなものがあって、応神天皇をまつった武家の八幡神社、富士山に由来する浅間神社、天照大神の伊勢神宮系などがあり、なかでも大国主命をお祀りする出雲大社系の神社がもっとも多く、信濃国一宮の諏訪大社や武蔵国一宮の大宮・氷川神社も出雲系である……といったことが四〇、五〇と神社に足を運んでいるうちに自然とわかってきて、神社めぐりが一層面白くなってきました。

このように、実際に自分の足で歩くことで、本を読むのとはまた違ったさまざまな情報を得ることができます。私はこれまでおそらく世界の一〇〇〇を超える都市を訪れています。大好きなイタリアだけで一〇〇都市以上にはなるはずです。そして、そこで見たり聞いたりしたことすべてが現在の私の軸をつくる材料となっているのです。

旅はどこに行っても楽しいものですし、得るものもあるはずですが、私自身は「人生は有限なのでどんどん新しいところに行きたい」と考えるタイプです。とりわけ、知らない都市の市場や商店街などを歩き回ることが大好きです。そして、私の街歩きのモットーは「迷ったら細い道を選ぶ」。「明るくて安全そうな大通り」よりも、「細くて少し危うそうなにおいのする裏通り」を選びます。表通りばかりを歩いていてもその街の本当の表情はわからない、裏通りにこそ真の人生があると思うのです。

もちろん、皆さんに「危険を冒せ」というお薦めはできませんが、私自身は知らない土地で旅人が多少危うい目にあうのは古今東西ごく当たり前のことだし、自分の身を守るために四方八方に気を配って感覚を鋭敏にしておくというのもまた当然のことだと思っています。実際、そうした経験から得た情報や対処法は深く自分の血肉となっています。

「小さな危険」にぶつかる経験を積み重ねることで、「大きな危険」を直感で判断し、避けることができるようになります。特に若い人は多少のリスクを引き受けて、どんどん外の世界で小さな冒険を積み重ねてほしいと思います。

「辺境」をつくり、「辺境」に出よ

ホームグラウンドとアウェイでは、どちらがよりたくさんのインプットが得られるかといったら、それは間違いなく後者です。温かくて居心地のよいホームに安住するのはラクですが、そうした環境では脳は刺激を受けず、新しい情報も入ってこなくなります。本でも人でも旅でも安住する場所を一度は捨て、新しいものに飛び込んでいくことが、深く多様なインプットを得るためのコツだと思っています。毎日違う道を通り、違う店でランチを食べ、違う本を読んで、違う人と酒を飲む、言ってしまえばそれだけのことですが。

仕事でも、それまで自分とは関係がないと思っていたテーマのセミナーに参加してみたり、他部署と合同のプロジェクト・メンバーに手を挙げたりするなどの方法で自分をいつもと違った場所に追い込むことも必要でしょう。通常の価値観から大きく離れたところを自分とつながる世界として捉え直す、いわば自分のなかに「辺境」をつくる、という感覚です。

たとえば、企業の合併・買収（M&A）も、大きな辺境ができる貴重な場面でしょう。遠くからやってくるのは自分たちとはまったく別のカルチャーをもった、いわば異民族です。当然、仕事の仕方も価値観も異なります。そういう人たちと融合して新たな組織をつくるには相当な覚悟と強いリーダーシップ、そして効果的なしくみが必要です。時間がかかり苦痛も伴う作業ですが、それ以上に貴重なインプットが手に入るはずです。そして、融合が成功すれば組織の緊張感は高まり、それはとりもなおさず生産性の向上に結びつきます。

人から何かの相談事をされたとき、私のアドバイスはいつも同じです。

「いまの時代、一つのところでじっとしているくらい危険な生き方はない。その場所のルールにしたがっていれば安心と安全が未来永劫保証されるというのは幻想に過ぎない。常に広い世界に出て変化にチャレンジし続けなくてはならない」

私がこう言うと、「でも、ここを出たら何が起こるかわからないですよ」と反論する人もいます。

それはそのとおりです。踏み出した先は、きれいに舗装された街並みからは遠く離れた辺境の地です。そこには標識もなく足元は石ころだらけ。迷ったり転んだりして怪我をすることもあれば、はじめて会う人たちと言葉が通じず孤独にさいなまれることもあるでしょう。

でも、だからこそ一刻も早く、そこに足を踏み出すべきだと思うのです。辺境での対処の仕方は、辺境に身を置き、そこで失敗を繰り返すことからしか学べません。そして、そうやっていったん知識やスキルを獲得してしまえば、もはや辺境は恐るべき未知のフィールドから、勝手知ったる自分のホームグラウンドになってしまうのです。

壁が壊れ、外部から侵入者がやってきたとき、そこにいる人たちに対して的確な指示を出せる「異質の辺境の民」というのは、どの共同体にとってもなくてはならない存在なのです。

第4章

「違った人」をいかすリーダーシップ

「これまで非常に多くの人と会ってきていて、社員ですら驚くようなコネクションをたくさんもっている。年齢というより、築いてきたキャリアに対してのすごみを感じる。フットワークの軽さにはいつも感心しています」

――コーポレート・コミュニケーション／吉川礼瀬

リーダーに必要な三つの要素

「日本に真のリーダーはいるのでしょうか？」

いきなり大きな問いで恐縮ですが、いまの日本の元気のなさをみていると、原因はリーダーの不在にあるような気がしてなりません。

閉じた世界で毎日同じことを繰り返していて何とかなる状況であれば、リーダーの資質や能力はそれほど大きな問題にはならないでしょう。極端な言い方をすれば、そのような状況下では誰がリーダーをやろうがあまり関係がないのです。

ところが、周囲に壁をつくってそこで自分たちだけが幸せに生きていければよい、という鎖国的な考え方は、いまや地球上のどこにいても通用しません。そういう組織は生態系として見ても不自然ですから、いずれ必ず淘汰されます。そうならないためには、自分たちがいまいる場所を外部に向けて開き、他者を受け入れるようにしなければならないのです。

日本はいま、あらゆる組織が「閉鎖系」から「開放系」に移行することを迫られています。それは言葉を換えると、急激に変化する世界のなかでブレずに判断を下し、組織をまとめあげて臆することなく戦える「真のリーダーシップを発揮できる人材」が必要とされている、ということです。

では、真のリーダーシップとは、どういうものなのでしょうか？

総理大臣、会社の社長、宗教団体の教祖、サークルの責任者……、リーダーといっても率いる組織によって役割や権限の大きさなどはさまざまですが、私は「これがなければリーダーたり得ない」という要素が少なくとも三つあると思っています。

一つめは「やりたいことをもっている」こと。

一般的にはビジョンと言われているものですが、これは何も「地球の環境問題を解決したい」というような壮大なものでなくてもかまいません。極論すれば「異性と仲よくなりたい」といった極めて個人的な目標でもいいのです。「これだけは死んでもやりたい」という強い気持ちがリーダーにないと、メンバーは好き勝手に動くだけになり、組織はまとまることなく空中分解してしまいます。「これがどうしてもやりたい」という明確な「旗」を掲げられること、これがリーダーの第一条件です。

少しオーバーに言えば、私は、すべてのリーダーのやりたいことは、「〝世界経営計画〟のサブシステムであるべき」だと思っています。要するに「世界をどのように解釈し、それをどのように変えたいと思い、自分はそのなかのどのパートを受け持ちたいと思うか」ということにほかなりません。

二つめは「旅の仲間を集められる」こと。

「これがやりたい」と旗に掲げたことは、たいていは一人ではできないことです。だから協力者や同士を集める必要が生じてきます。そのためには、ただ旗を立てるだけではなく、その旗にどんなビジョンが描かれていて、それを実現することがどれほど社会にとって有益かつ魅力的であるかを広く伝え、さらにはその旗を見た人に「自分もやってみたい」という気持ちを起こさせなければなりません。

私はこの「仲間を集める力」を共感力と呼んでいます。そして、この話をするときにいつも思い出す求人広告があります。

> "Men wanted for hazardous journey. Low wages, bitter cold, long hours of complete darkness. Safe return doubtful. Honour and recognition in event of success."
> （探検隊員募集。わずかな報酬。極寒。まったく太陽を見ない日が何日も続く。生還の保証なし。ただし、成功すれば名誉と称賛が手に入る）

これは一九一四年、ロンドンの新聞に掲載された「大英帝国南極横断探検隊」の隊員募集広告です。広告主は隊長のアーネスト・ヘンリー・シャクルトン卿でした。

よく読むまでもなく、労働条件は最悪です。でも冒険を求める人にとっては、これほど魅力的なコピーはありません。実際この広告の反響はすさまじく、世界中から五〇〇〇人を超える応募があったそうです。そのなかから二五人の精鋭を難なく採用したシャクルトン卿は稀代の共感力の持ち主だといっていいでしょう。

そしてリーダーに必要な三つめの要素は「旅の目的地までチームをまとめ、引っ張っていく」こと。

旗のもとに集まった人たちに思う存分力を発揮させ、ゴールに向かわせる、いわば統率力です。どんなに素晴らしい夢であっても、リーダーがその夢を実現するための具体的な道筋を示せなければ、せっかく集まった人たちもやる気を失い、離れていってしまいます。

メンバーのモチベーションを常に高い状態にして、さらに彼らの力を一つに束ねて同じ方向に進ませるためには、現実味のあるしっかりした経営計画が必要です。具体的に言うと、その経営計画には「いつまでにこれだけのことをやる」という行程表が明確に書かれており、なおかつそれを一つひとつ確実にクリアしていけば、最終的に自分たちの目標が実現できるとメンバー全員が信じるに足る内容になっていなければなりません。それが経営計画の本当の姿だと思うのです。

未来は予測できるもの

一般的に、夢は語れても、それをしっかりとした経営計画に落とし込める人はあまり多くはないようです。しょっちゅう経営計画が変わったり方向性がブレたりするのは、最初の経営計画＝「やりたいこと」の詰めがきちんとできていないからでしょう。

会社の経営計画は日々の仕事の土台となるものですから、ここがぐらぐらしているとメンバーは不安になり、仕事に全力投球できなくなります。ブレるリーダーの下ではメンバーが最大限のパフォーマンスを発揮できない、それゆえ成果も上がらないのです。

「そんなことをいっても、世の中の変化が激しいのだから、たびたび経営計画の変更を迫られるのも仕方がない」という意見もあるでしょうが、私はそれは違うと思います。半年や一年で変えざるを得ない経営計画は認識の甘さの表れです。十分なインプットとタテヨコ思考で「自分たちの立っているところ」を正確に把握できているなら、進むべき大きな方向性は変わらないはずです。風の強さまではわからなくても風の吹く向きはわかるはず、私はそう思っています。

私がはじめての著作『生命保険入門』の原稿を書いたのは二〇〇三年です。そこからいまに至るまでにはリーマン・ショックや世界同時不況などさまざまなことが起こりましたが、ライフネット生命の経営計画の根幹にはこの本に書いたことがそのまま再現されています。

もちろん、「未来がどうなるかは誰にもわからない」というのもそのとおりです。しかし、長いスパンで歴史を見れば、何の脈絡もなく突然時代があらぬ方向に動き出すなどということは、天変地異以外にはないと言っていいでしょう。変化するにしても必ず予兆はあるし、それは社会を冷静に見ていれば察知できることが多いのです。「歪みはいずれ正常な姿に戻る」というのは有史以来変わらぬ法則ですから、ふだんから問題意識をもって社会のおかしいところに注目している人なら、これからどこがどのように変わっていくかは多少なりとも予想がつくはずです。また、人間の本質や基本的な行動パターンは五千年前から何も変わっていない、というのも未来を予測するときの大きなヒントになるはずです。

そして、風向きの読みさえ誤らなければ、少なくとも五年や十年は堂々と通用する経営計画をつくることができるはずなのです。

上海で見た「大きなビジョン」

一九九〇年代の終わりに中国の上海を訪れたときのことです。

当時の中国はまだめざましい発展を遂げる前夜とも言える段階で上海浦東国際空港もできたばかり、空港と市街を結ぶリニアモーターカーはまだ影もかたちもありませんでした。空港に降り立ち、タクシーで市街へ抜ける道を走りました。きょろきょろ見ると周りは一面の原っぱ。「何だかさびしいところに空港をつくったんだな」と思いました。


その夜、上海市の幹部と夕食をとる機会がありました。

「新しい空港はいかがですか？」と聞かれたので、「きれいで立派ですね」と返事をして、ついでに「浦東はずいぶん空き地があるようでしたが、あんなに空けておくなら空港をもっと街寄りにつくればよかったのではないですか？」と尋ねたのです。すると、その幹部からは「浦東は空けておきたいのです」という意外な答えが返ってきました。そして、幹部は「この先、中国も周辺の国々も発展するでしょう。東アジアが大経済圏になったらロンドンのような金融都市が必要になる。何年先になるかはわからないけれど、浦東がその役割を担えるよう、私たちは挑戦するつもりです」と続けたのです。

広がる原っぱを前に、そうした壮大なビジョンを五十年、百年スパンで描いている。やはり成長する国のリーダーは違うな、と感心した覚えがあります。

このような国という大きな単位でなくても、たとえば「自分の子どもや孫にどんな社会を残したいか」ということを不断に問い続けることが、ひいては事業におけるビジョンを形づくっていくのだと思います。

ライフネット生命の「旗」

「やりたいことをもっている」「仲間を集められる」「チームをまとめ、引っ張っていく」

私がリーダーに必要だと考える条件はこの三つですが、では私自身にこの力がどの程度あるか、と問われればわからない部分もあります。人は自分自身のことがいちばんわからない、というのが常だからです。

ただ、私の「やりたいこと」＝日本の生命保険を正しい姿にする、というのは、長年考えてきた結果その姿を明確に描くことができましたし、会社が船出するにあたっては、それに共感してとびきり優秀な人が集まってくれたことも事実です。

最初の旅の仲間は、現ライフネット生命副社長の岩瀬大輔です。アメリカのハーバード大学経営大学院を優秀な成績で卒業したばかりの若い彼と、私の「やりたいこと」が出会ったとき、そこに明確な「旗」ができ、それが仲間を集める目印となりました。

岩瀬の声かけによって、まだ会社のかたちも整っていない、金融庁から保険業を行うための免許も下りていないような段階の会社にたくさんの仲間が加わりはじめました。

私は彼らに対して、私たちの目指す「旗」がどういうものか、そして、それに参加することに対するメリットとデメリットを正直に伝えました。名もないベンチャーにたくさんの優秀な人が集まってくれているのですから、こちらとしては「この人には仲間になってほしい」という思いが強くなります。こうしたとき、ともすればいいことばかりを言いたくなるのが人情ですが、私はその気持ちをぐっと抑えました。

共に長い旅路を歩くことになる仲間に嘘をついても仕方がありません。たとえば「この会社の将来展望はどうか」という問いへの答えがまだ必ずしも明確に語れないと思えば、隠すことなくそう言い、働きやすい環境を用意するつもりだが、あなたの人生に一〇〇％は責任をもてない、ということも率直に話しました。その上で「なぜ、あなたに仲間に加わってほしいのか」という理由を一人ひとりに丁寧に説明しました。

ライフネット生命にはマニフェストがあります。それは、「こんな生命保険会社をつくりたい」という私たちの夢を文字にしたものです。このマニフェストを実現することが、自分の幸せにつながる。私の話を聞き、同じ船に乗るという決断をしてくれた人はきっとそう思ってくれたのでしょう。本当に有難いことだと思っています。

集まった多様な「旅の仲間」

組織づくりの要諦は多様性の確保にあります。「いかに異質な人間を集めるか」にかかっていると言ってもいいでしょう。なぜ多様性がそんなに大事なのかというと、同質な人間ばかりの組織では変化に対応できないからです。

企業の場合、ともすればいますぐ結果が出せそうだということで、同じ業界で実績を残している人や、仕事に必要なスキルをもっている人を優先的に採用したくなりますが、そういう人たちはひとたび市場や顧客のニーズが変わると、途端に力を発揮できなくなります。あるいは自分の過去のやり方が通用しなくなりつつあることに薄々気づいていても、積極的に変わろうとはせずに自分の慣れ親しんだやり方に固執してしまう。企業にとってこれくらい危険なことはありません。

私がライフネット生命を立ち上げるときに考えたのは、いまある生命保険会社の亜流ではなく、生命保険の原点に戻って商品を設計し、それを直接販売する正統な会社をつくる、ということでした。だから、採用にあたってはかつての部下に声をかけることもしなかったし、応募者が生命保険業界で働いた経験があるかないかについてもまったく考慮しませんでした。その結果、マーケティング・営業という生命保険会社にとってもっとも重要な部署の一つに生命保険業界の出身者がほとんどいない、ということになりました。

たとえば、ライフネット生命のマーケティング・営業部門の統括者は以前はスターバックスコーヒーのブランディングを担っていました。

彼女は面接のとき、私にこう言いました。「私は保険のことは知りませんが、ＢｔｏＣ

のビジネスには自信があります。質のいいコーヒーを売るのも、質のいい保険を売るのも、基本的には同じことのはずです」

ライフネット生命はインターネットを使って個人に生命保険を直接販売するのですから、まさに彼女の言うことは的を射ていると思いました。それに、インターネット専業の生命保険会社はライフネット生命がはじめてなのですから、本当の意味での販売経験者はいないはずです。むしろ、従来型の生命保険ビジネスに慣れている人はその経験が足を引っ張るかもしれません。そうであれば、契約の引受や支払など生命保険特有の専門職は別として、ライフネット生命では保険業界での経験は必ずしも意味をもつとは限らないと薄々感じていました。だから、彼女の採用に二の足を踏むことはまったくなかったのです。

私自身は日本生命という同じ会社に長く勤めてきましたが、その間に海外に赴任したり官公庁（当時の大蔵省や日本銀行）担当をやったり、同じ会社にいながら多様な経験を積ませてもらいました。また、多くの本、多くの人、多くの旅などを通して、自分とはまったく異なる価値観にたくさん触れることができました。だからこそ、還暦近くになって親子ほど年の違う岩瀬というパートナーとともにライフネット生命の起業に踏み切ることができたのだし、さらには百戦錬磨の他業界のプロフェッショナルを仲間として迎えられたのだと思います。

中途採用のスタッフは確かな実績をもち、自分の頭で考えて行動する人間ばかりです。「リーダーの言うことだから無条件にしたがう」ということもなく、何かを決めるときにはいつも私や岩瀬を交えて喧々諤々の議論になります。いわゆる一般的な意味での「使いやすい」部下は一人もいないのです。それでも、いや、だからこそ、彼らと仕事をすることはとても刺激的で楽しく、私自身も学ぶことが多いワクワクする毎日です。

朝一通のメールで気持ちを伝える

私は毎朝全スタッフに向けて短いメッセージをメールで発信しています。「皆さん、おはようございます」ではじまる本当に短いメールですが、お客さまからの言葉、最近会った面白い人、読んで面白かった本など、スタッフにちょっと知らせておきたいことを紹介しています。ある日の一通を紹介させてください。

皆さん、おはようございます！

日本語は孤立語だといわれています。どういうことかといえば、古くから多くの民族が混ざり合い、北方系のアルタイ諸語らしきものと南方系のオーストロネシア語族の言語らしきものが混交して、その起源が定かにはできない、ということらしいのです。

このように、日本は、世界でも稀な多民族国家です。ただ、混じり合ったのが大昔、という特徴をもってはいますが。

当社もベンチャー企業ですから、１万年、５０００年前の日本列島のようにいろいろな文化風土を身につけた「多民族」が集まっています。これから、多民族が混交して、どのような文化（社風）が、形創られていくかとても楽しみですね！

一つ、大切なことは生態系のような「多様性」を保持することです。金太郎飴のような会社だけは、願い下げです。採用に当たっては、「違う」人のリクルートに留意してくださいね。

何度も繰り返している内容ですが、大事なことは何度言っても言い過ぎることはないと思っています。

「定年なし」は究極の実力主義

ライフネット生命には「定年制」がありません。それは、私自身が長く働くなかで、仕事の実力と年齢は関係ないと感じてきたからです。会社をつくるにあたっては就業規則も私自身が書いたのですが、そこには定年についての項目は一切設けませんでした。優秀な人材を確保するために働ける限りは働いてもらう、それで何の問題もないと思うのです。

高齢化が急速に進む日本社会にあって、年齢が高いことだけを理由に働けないような制度をつくるのは本当にバカげたことだと思います。経営者にはアメリカの大統領制のように任期があった方がよいと思いますが、スタッフに定年制は必要ないと考えています。

このように、「定年なし」を掲げていると、「高齢者に優しい会社なのですね」といったとらえ方をされることがありますが、これは少し違います。

年齢でその人を判断しないということは、逆に言えば若い人でも入ったばかりの新入社員でも、やる気と実力さえあればどんどん仕事も地位も与える、ということを意味します。いわゆる年功序列的な制度はまったくないので、会社に長く在籍していても実績を残せなければ上の立場にはいけませんし、本人も大変だと思います。実際に私も親子ほどに年の違う社員たちと日々議論しながら経営をしていますが、経営者として常に彼らを納得させる判断をし続けなければならないので、それはそれで大変です。

つまり、「定年なし」というのは、私たちの考える「究極の実力主義」の表れであって、格別高齢者にやさしい制度や会社というわけでは決してないのです。このような基本的な考えに賛同してくれる方であれば年齢や性別、国籍を問わず、誰でも仲間として一緒に楽しく働けると思っています。

最後は「楽しい」会社が勝つ

ライフネット生命と同時期に、別のネット専業の生命保険会社が開業しました。こちらは大手の外資系保険会社が親会社となっており、バックアップ面でも知名度でも当社よりも圧倒的に優位に立っています。保険料にも大きな差はなく、むしろ条件によっては先方の方が安いこともあり、当社にとって大きな脅威になると思いました。しかし、結果としては、開業二年後の保有契約件数は当社が約4割上回ったのです。この要因はいくつかあると思います。

先方の会社は、幹部社員を保険業界出身者で固めたいわば「プロ集団」です。一方、ライフネット生命には保険に関しては経験が浅いスタッフが多いものの、いろいろな業界で鍛えられた発想力、視野の広さ、行動力があります。また、業界のセオリーを知らないので、問題に突き当たるたびにゼロから解決法を考えていった。そうしたことがプラスに作用した部分があったのでしょう。

それから、「マニフェストの有無」も大きいと思います。当社のお客さまの声を聞くと、「マニフェストに惹かれた、好感をもった」という意見をたくさん頂きます。マニフェストは「ライフネット生命とはどういう会社で、なぜこういう商品を開発し販売しているのか」ということをわかりやすくまとめたもので、要するに経営方針をかみくだいたものです。なぜマニフェストをつくったのかといえば、私たちのことをわかってもらった上で、考え方に共感してくれる人にこそ私たちの商品を買って頂きたい、と考えたからにほかなりません。

生命保険は高額な商品です。お客さまには私たちライフネット生命のすべてをお見せし、その上で商品を選び、会社を選んでもらえる関係でありたい、強くそう願っています。保険会社は多様な選択肢を提供する役割であり、そのなかから最適の商品を選んで加入するのはお客さまなのです。

そして、何よりもライフネット生命を強くしているのは、「楽しんで働くスタッフ」でしょう。私は開業以来の最大の成果の一つとして、「社内に運動クラブが八つできたこと」を挙げています。これは冗談でも何でもなく、どんな高い数字よりも「仕事を楽しみ、仲間をつくる」というスタッフの姿勢こそが会社を成長に導くと固く信じているからです。

日本生命時代に部門を率いていたときから、私は売上や利益を目標の柱に立てたことがなく、最大の目標はいつも決まって「元気に・明るく・楽しく」でした。それはいまでも変わりませんし、ランニングやフットサルなど、スタッフ六〇人弱の会社には多過ぎるほどの八つの運動クラブが自主的に立ちあがったことを、何よりもうれしく誇らしく思っています。

会社の生み出す商品・サービスには、そこで働く人の姿が如実に映し出されます。特に生命保険というかたちのないものをつくって販売する私たちにとって、商品とはスタッフの姿勢そのものです。人は楽しんでのびのびと働いているときがいちばんよいものを生み出せるし、効率も上がります。ノルマでしめつけたり馬にニンジンのようなインセンティブでやる気を引き出したりする方法は一時的には効果を発揮しても長続きはしません。

そうした外的動機ではなく、「働くことが楽しくてたまらない」とメンバーが感じる内的動機がなければ、よい商品・サービスは生まれませんし、真の強い組織にはなり得ない。スタッフが楽しんで働いていなければ、お客さまのことを真剣に考えられるわけがないのです。だからこそ、私はいつも「まずはスタッフが元気に明るく楽しく働ける環境をつくることからはじめなくては」と強く思っています。

すべての情報がオープンになるこれからの時代、「完全に他社と差別化した商品・サービス」などあり得ません。すべての情報が公開され、同じ商品をつくろうと思えばつくれる時代になってきます。世の中に本当にユニークなものなどどこにもない、となったときに、最後の勝負を決めるのは人と組織風土です。「朝会社に行くのが楽しい」とスタッフがニコニコ出社してくる会社であれば、絶対に他社に負けることはないと信じています。

世界中で日々多くの会社が生まれ、そして消えていきます。そのなかでどの会社が生き残るかを決めるのは、世の中の人々のいわば「多数決」です。多くの人が手を挙げてくれる、つまり社会から必要とされる商品・サービスを提供し続けるためには、「私たちは社会をこう変えたい」という大きなビジョンがなければなりませんし、それを具体化するための経営計画と、それに基づいて個々のスタッフに十分に活躍できる場が用意されていなければならないのです。

どんな人でも「いい仕事をしたい」と願っています。リーダーである私にできることは、その思いをかなえるための手助けをする、ただそれだけなのです。

第5章

「勝率一〇〇%」の真っ向勝負

「ブランドの強さはトップの強さ。ベンチャーでリソースが限られているなかでは、スタッフ一人ひとりが理念に共感してブランドを発信していかねばなりません。そのためには、トップがブレずにメッセージを発し続けることが大切なのです」

――取締役／中田華寿子

正攻法がいちばん速い

「仕事が速い」という要素は、ドッグイヤーに生きる現代のビジネスパーソンにとって最重要であることは間違いありません。そのためにムダを省き、インプットを増やし、瞬時の判断力を鍛えることはとても大切なことです。

しかし、最近では先に答えを教えてもらったり、攻略方法をあらかじめ手に入れておいたりして近道を行くことが、仕事のスピードを上げることだと思い込んでいる人が多いような気がします。ときにはそういうやり方が功を奏することもあるでしょう。けれども、あまりショートカットすることにこだわっていると、結果的にはそこに時間をとられてかえって遠回りになる、というケースも多々あるように思います。また、「効率的に働く」ことと、「単にラクをする」ことを混同することも危険です。

仕事でいちばん大切なことは、「最後までやり抜く」ことです。「確実に結果を出す」ことだと言い換えてもよいでしょう。そして、「そのためには何をすればいいのか」をとことん考えることがビジネスです。「要領よくやる」ことや「ラクをする」ことを重視し過ぎると、その方法を探すうちに貴重な時間を失ってしまったり、不十分な結果しか出せなかったりするかもしれません。それでは本末転倒です。

私は、目の前の課題がたとえどんなに大きくとも、いきなり横に跳んだり裏に回ったりはせず、まずは真正面に立って「この壁をどうしたら乗り越えられるのだろう」と考えることが大切だと思っています。よく考えて、「手間はかかるかもしれないが、こうすれば解決できそうだ」という方法が見つかったら、迷わずそれを選べばいい。なぜなら、ほとんどの場合、それこそが正解だからです。

「効率」という言葉を重視する人は、オーソドックスなやり方だと何だかムダが多いような気がするのか、正攻法に背を向け、ともすればわざと奇をてらったような手段を選びがちです。でも、多くの場合それは「策士策に溺れる」結果に終わることになります。堂々と正攻法でことにあたる。私の経験からいって、結局はこれに勝る解決法はないのです。

たとえば、好きになった人に、「何とか自分の気持ちを伝えたい」と思っている状況を考えてみてください。相手の行動を調べて偶然の出会いを装ったり、誕生日を待ってプレゼントを贈ったり、友人にメッセンジャーになってもらったりするなど、いろいろな方法が思い浮かぶでしょうが、いちばん確実で速いのは「本人に会って直接告白すること」ではないでしょうか？　成功の確率もこれがいちばん高いと思います。

最短ルートと正規の手順を考える

ライフネット生命を立ち上げる過程で、株主をはじめとする周囲の方からいちばん心配されたのは「金融庁から免許が下りるのか」という一点でした。保険業を営むためには金融庁から事業内容や商品内容などの審査を受け、認可を得なければなりません。

戦後に開業した生命保険会社は数多くありますが、それらはすべて内外の既存の保険会社の系列という位置づけでした。戦後に独立系のベンチャー企業が生命保険会社の免許を取得したケースは一件もなかったのです。

私は長い間生命保険業界にいたのでこの理由もよくわかっていました。親会社が保険会社であれば業界ルールや常識にも通じているしノウハウももっているので監督官庁は安心して免許を出すことができます。逆に言えば、親会社どころか株主にも保険業の認可を受けている会社が一社も見当たらないベンチャー企業に免許を与える、という発想自体がこれまではなかったのです。

前例がまったくない状況で、免許が下りなければ会社は解散しなくてはなりません。苦労を重ねて開業準備をしてきた二年間がまったくのムダになります。そうした状況で私がとった戦い方は「正攻法」でした。とはいえ、勝算もなくただむやみに敵地に乗り込んでいった、というわけではありません。それまでの「下調べ」のなかで、「正面から行けば勝てる」そうした確信ができていたからです。

最大の根拠の一つは行政や業界の状況でした。

一九九五年に保険業法が改正され、指導理念がそれまでの護送船団方式から利用者の視点に立った健全な競争を促進する方向に変わっていました。私は金融庁のウェブサイトの保険関係の該当部分を五年分ほど穴のあくほど読み込み、改正した保険業法に沿った行政が行われていることを確認していました。たとえ独立系のベンチャー企業であっても、保険業法が定めた要件さえ確実に満たせば、免許が下りないわけはない。だから、あとは一枚一枚丁寧に書類をつくって金融庁に出向き、担当者の質問に丁寧に答えていくだけだ、と考えたのです。

もう一つの理由は人間の心理です。私は日本生命時代に当時の大蔵省担当（ＭＯＦ担）をやっていたので、金融庁には何人か知り合いがいました。周囲からも「出口さんの人脈を駆使したからこそ免許が取れたのですね」と言われることもありますが、そうではありません。私は申請時から免許が下りるまでの一年半、担当者以外の金融庁の人間とは会わないことを徹底して自らに課していました。その理由は「コネを使うなんて汚い」といった安直な正義感や美学からでは決してなく、論理的に考えて「正面から行った方が速い」という結論に達していたからです。

免許申請時に、私たちと膝を突き合わせて申請書類をチェックするのは金融庁の第一線のスタッフです。彼らの身になって考えればすぐにわかることですが、「この会社・この社長に免許を与えたら、健全な競争が促進され、生命保険業界がいまよりよい方向にいくか」ということを審査しはじめたときに、上司から「この社長は知り合いだから、よろしく」などと言われたらどう思うでしょう。私が彼らの立場であれば嫌な気分になりますし、ひょっとしたら審査を長引かせるなどの妨害をしたくなるかもしれません。周囲から敵視されてスタートする会社がその後うまくいくとはとうてい思えませんでした。

「いつも正攻法」というと、「美学をおもちなんですね」ととらえられることもありますが、私は「ビジネスに美学は不要」だと思っています。「何を美しいと感じるか」という主観的な要素をビジネスに持ち込んでしまえば、その時点で合理性が失われてしまいます。個人的にも美学や品格などという言葉はあまり好きではありませんし、「品格という言葉を使う人こそ、品格のない人」だとも感じています。

最短ルートを考え抜いた上で、正規の手順で淡々とものごとを進めていく、これが私の考える「正攻法」なのです。

「道場破り」で人と情報を集める

日本のなかだけをみていると、「これから先は市場も経済も縮んでいくだけ」という絶望的な未来を思い描いてしまいがちです。しかし、視線を横に移動すると、たとえば一三億人の巨大マーケットを抱え、ものすごい勢いで成長しつつある中国という国があることに気がつきます。そのちょっと先にはインドもあります。そこに広大なビジネスチャンスがあると考えれば暗くなる必要などまったくありません。もちろん、ライフネット生命も海外進出を視野に入れています。

しかし、中国やインドがどんなに魅力的な市場であっても、最初のうちはよそものには知名度も信用もなければ勝手もわからない。待ち受けるライバルたちの実力も未知数なら、どんな戦いを仕掛けてくるかを予想するのも難しく、新参者がすぐにうまくいくなどということはまずあり得ないでしょう。そういう場面での振る舞い方はどんなものだと思いますか？　とりあえず末席に入れてもらって、様子をうかがいながら顔を売り、少しずつ真ん中の方に移動していく？　私はそうは考えません。そんなことをしていたら時間がかかって仕方がないからです。

私の場合はここで「道場破りの理論」を使います。街の一等地にいきなり次のような看板を掲げるのです。

「私は日本から来た出口治明というものだ。この分野では日本一を自負している。私と勝負をしたいなら、いつでもかかってきなさい」

そうはいっても、本当に日本一でなくてもいいのです。看板に多少の偽りありでも、それを気にする必要はあまりありません。とにかく「何だか自信満々のやつが現れた」ということが知れ渡り、現地で話題になれば、第一の目的は達成されたといっていいでしょう。そうなれば必ず地元の腕自慢たちが「自分と勝負しろ」と集まってきます。もちろん受けて立ちますが勝てるとは限りません。はっきり言えば負けたっていいのです。

ボコボコにやられたら、素直に頭を下げて「身のほど知らずでした。私程度の力しかない者が大きな口を叩いた無礼をお詫びします。つきましては、どうすればあなたのようになれるのか教えていただけませんか？」と相手に頼むのです。これこそが第二の、しかも本当の目的なのです。

わからないことを知るには、わかっている人、それももっともその分野に詳しい人に聞くのがいちばん速いに決まっています。しかし、はじめての場所ではそういう人たちがどこにいるのかわからないし、仮に情報が手に入ったとしても、見ず知らずの異邦人がいきなり訪ねていったところで相手にしてくれないのは目に見えています。だからこその「道場破りの理論」なのです。こちらから出向くよりも、向こうからやってくるように仕向けた方が、速くて確実なのです。

創業以来のパートナーで、現在ライフネット生命の副社長を務める岩瀬大輔は、保険業界での経験は浅いものの、起業準備のときから猛勉強を重ね、いまでは生命保険に関する本（『生命保険のカラクリ』／文春新書）を出版するまでになりました。私は彼に「次は英語で生命保険とライフネット生命に関する大論文を書いてほしい」と伝えています。

——日本には生命保険に造詣の深い岩瀬という人間がいて、その彼が経営に関与しているライフネット生命はマニフェストという哲学に裏づけられたユニークな経営戦略をもっている——

英語の論文をいくつも発表することで、世界の競合たちにそう知らせることができます。そうすれば今後ライフネット生命が世界のどこに進出するにしても、それによって現地の腕の立つ「道場破り」たちを呼び寄せることができるはずなのです。

ただし、この「道場破りの理論」を使うには、こちらにも多少なりとも腕がなければならないでしょう。箸にも棒にもかからない者が「かかってこい」と名乗りを上げても、看板の偽りがすぐにバレてしまいます。少々のはったりなら問題ないでしょうが、すべてが「張り子の虎」ではバカにされてしまいます。まずは「自分の道場」を開けるだけの力をつけることが必要であることは言うまでもありません。何事であっても勉強に終わりはないのです。

「青い鳥」を探すのはしんどい

「自分に合った会社で働きたい」「自分がやりたい仕事をしたい」

学生と話をするとこんな話をよく聞きます。自分のやりたいことや適性を活かせる仕事に就くことでビジネスパーソンとして充実した毎日を送ることができる、一方、そうでないと苦痛に満ちた日々に耐えしのばなければならない、彼らはそう思い込んでいるようです。一方で、最近では大企業や有名企業志向も顕著になってきているようです。「やりたいこと」志向も「よらば大樹の陰」志向も一つの就職観ですから、別に否定はしません。

ただ、たとえそれがかなわなくても「この世の終わり」のように悲観しないでほしいと思います。

だいたい、この世の中で何でも自分の思いどおりにいくと思ったら大間違いで、思いどおりにいくことなんてほとんどありません。この世界に生まれてくること自体が、もともととても理不尽なことなのです。たとえば、この時代に日本に生まれてきたのだって自分が望んでそうなったわけではないでしょう（もちろん、アフリカなどではなくこのような平和で豊かな国に生まれたことは幸運以外のなにものでもありませんが）。生まれる時代も生まれる国も選ぶことができないように、人生はその多くが偶然によって決められ、人間はそれにしたがって生きていかざるを得ないのです。

私は、就職もこれと似たり寄ったりのところがあると思っています。働く場所は自分で選べる、というのは紛れもない事実ですが、それでさえ実際のところは自分の意志や希望よりも運に左右されるところが大きいのです。それはどんなに優秀な人であっても変わりません。それでなくても長引く景気の低迷で就職を取り巻く環境は悪化しているので、やりたいことや適性や企業規模などを選び続けていたら、範囲がどんどん狭くなってしまいます。さらに、仮に望みどおりの会社に入ったとしても、思い描いていたのとはまったく違う仕事をやらされるかもしれないし、上司と相性が合わない可能性だってあります。だから、入るところを厳選するよりも、むしろ「入った会社や組織を好きになる」というところにエネルギーを使った方がいいと思います。

世の中は自分の思い通りにはならないし、すべてのことはトレードオフでいいとこ取りはできない。それを思考軸の一つにしていれば、もう少し気軽に仕事や働き方を選べるようになるのではないでしょうか。

私が日本生命に入社したのもほとんどが偶然でした。

大学卒業後の進路を考えるとき、法学部の私は「とりあえず司法試験を受けておくか」と思っていたところ、友人が民間企業を受けるというので一緒についていったのです。その先が日本生命だったわけですが、それだって、友人の下宿先が京都の三条京阪駅の近くにあり、京阪本線に乗って大阪に向かった終点駅に日本生命の本社があったから、というくらいの理由です。彼の下宿が四条河原町の近くにあったら乗るのは阪急電車ですから、私たちはきっと阪急電鉄か阪急百貨店を受けていたことでしょう。

日本生命から内定をもらい、一方で司法試験には落ちてしまったので、「これも何かの縁だろう」と納得して、生命保険のことなど何も知らないままに入社し、そしてそのままその会社に三十四年間お世話になったのです。


当時、私はどこにいっても仕事にはそう大きな差はないと思っていました。会社や上司から命じられたことをやって毎月給料をもらえるのですから、とにかく何でもやってみよう。楽しくなければ楽しくすればいいし、もしどうしても楽しくできなければ辞めてしまえばいい。それもまた人生経験だからいいだろう。そんなふうに気楽に考えていました。大きい川の流れにゆったりと流されていく人生がいちばん自然で素晴らしいと思うのです。この基本的な考え方は四十年近く働き続けたいまもそう大きくは変わっていません。

「青い鳥がどこかにいるはず」と信じてずっと探して歩き回るのはしんどいことです。それよりは「どこにでも青い鳥はいる」と思って、日々を過ごしていく方が確実に人生はラクになる、そう思うのです。

軸をもって異文化を受け入れる

日本生命に入社したとき、新人研修がありました。

一七〇人くらいの新人を八人くらいのチームに分け、チームごとに選んだテーマでディスカッションをするというものです。ほかのチームは「生命保険業の将来」とか「保険の販売戦略」など真面目なテーマを選んでいましたが、私は知識もなく現場も知らない新入社員がそんな大それたことを論じても意味がないと思い、ほかのメンバーを説得し、「この研修は新人教育として適当か」というのをディスカッションのテーマにしたのです。

指導教官からは「ほかのチームはまじめにやっているのに、お前のところはふざけていてけしからん」とえらい剣幕で怒られてしまいました。もちろん私はふまじめな気持ちなどこれっぽっちもなかったので抗議しましたが、まったく聞き入れてもらえませんでした。もっとも、髪型は学生時代同様に長髪のままでしたから、ふざけた奴だと思われたのかもしれません。

最初に配属された京都支社では、日計表の貸し方と借り方の金額についてソロバンをはじいて計算して確かめる、という仕事を任されたのですが、左右がなかなか合わない。ほとんどの場合、差額は数円数十円程度なので、あるとき「それくらいだったら私が出しますから、もういいじゃないですか」といったら、このときも上司から「仕事というのはそういうものじゃない」とこっぴどく叱られました。

京都支社に二年いたあと、大阪本店の企画部に転勤になりました。当時の日本生命には麻雀好きな先輩が多く、残業をしていると雀荘から「お前も来い」という電話がよくかかってきました。「仕事が終わりません」というと「そんなもの朝早く来てやればいい」と言われる。その仕事を私に言いつけた上司がそういうのですから、従うよりほかありません。それで私は雀荘に駆け付け、深夜まで先輩たちと卓を囲んで、翌朝六時ぐらいに出社して仕事をこなす、という日々を送っていました。

こうして思い出してみると理不尽なことばかりのようですが、私は「何だか学生のときと勝手が違うな」と思うことは多かったものの、それで会社が嫌になる、ということはありませんでした。たくさんの面白い先輩や自由にやらせてくれる上司に恵まれたこともあって、そうした状況を楽しんでいました。残業を頼まれるのも上司の麻雀につきあわされるのも、そうしたことを全部含めてサラリーマン生活なのだろうし、まずはその文化にどっぷり浸かって、この未知なる生活をとことん味わってみようと思っていたのです。

自分のもつ軸に多少なりとも自信が出てくれば、異なる文化を受け入れることもそれに馴染むことも、そう怖いことではなくなるはずです。

「コピーとり」からはじまる探求

世間には仕事が楽しくない、やりがいを感じない、という人が多くいるようですが、それも考え方次第で何とかできる部分が大きいように思います。私は新入社員の時期を過ごすうちに「仕事というものはそれがどんなものでもやり方しだいで面白くなる」ということに気づきました。そして、それからは毎日がどんどん楽しくなっていきました。

たとえば、コピーとり。「言われたからやる」と思えばとても退屈な仕事ですが、「この書類は誰が何のために使うのだろう」と予測し、そのための最高のコピーのとり方は何だろう、と考えてみます。

私が新入社員のころは、コピー機がまだ現在のように進化しておらず、複写した紙は青く色がついてあまり読みやすいものではありませんでした。色がつく度合いを薄くすることもできるのですが、そうすればするほどコピーに時間がかかる。そこで、私は渡された原稿の内容と、文字の丁寧さ（当時の書類はすべて手書きでした）から、役員に提出する書類ならなるべく白く、個人の企画書の草稿であれば青のまま、部内の会議資料であればその中間、という具合に自分で判断して濃度を変えていました。コピーした紙をもつ上司の動きを見守って、白いコピーを役員室にもっていくのを見ると「してやったり」と、ひそかににんまりしていたものです。

仕事には必ず目的があることを理解し、まずはその目的を考え、次にその目的を達成するためのいちばんよい方法は何かを考えるようにすれば、仕事は自ずと楽しくなると思います。そして「この仕事はこうやるのがベスト」という方法を考えついたら、昔の人やほかの人はどうやっているのかを比べてみる。前任者のやり方を聞いて自分の考えたやり方のほうが優れていると思ったら、何だか勝ったような気がして嬉しかったものです。

「小さな丸」より「大きな三角」

日本人は、働くことを「会社の歯車になる」というような言い方をします。会社に入るということは「個性を殺して規格品になる」ことだと考えている人が多いのでしょう。しかし、その考え方は日本では通用してもほかの国でも通じるとはかぎりません。

私は四十四歳からの三年間、日本生命のロンドン事務所長を務めました。当時、現地には日本人会があり、赴任後間もなくして輪番制でその教育担当理事を拝命しました。

仕事のことはわかっていても、学校教育に関しては門外漢ですからよくわかりません。そこで何か参考にならないかと思って、英国の教育事情について少し調べてみました。すると、日本との大きな違いに驚きを隠せませんでした（ここは森嶋通夫さんが書かれた『イギリスと日本』（岩波新書）に詳しいのでぜひ参考にしてください）。

英国では幼稚園に入るとまず教えられることがあります。

子どもどうしをお互いの顔を見せ合いながら「AさんもBさんもCさんもみんな顔が違うでしょう。顔が違うのだから考え方も違います。お互いにわかり合うためには、まず自分の意見をはっきり言わなければなりません。また、自分の考えを伝えるときはわかりやすく話さないといけないんですよ」と繰り返し説くのだそうです。

「人は皆異なる考えをもつ」という大前提があって、それゆえコミュニケーションが大事なのだ、ということを丁寧に教えていくのです。

もう一つ、印象に残っていることは「QUEUE」という考え方です。これは「列をつくることや順番を守る」といった意味の英語です。「この社会は異なる考えの人が集まっているのだから、皆が自分の都合で好き勝手に行動したら大混乱が起きてしまう。そこで、駅で切符を買うときは早く来た人から順番に並ぶというようなルールができたのですよ」と由来を説くのだそうです。

英国では小学校の低学年までに、このコミュニケーションとQUEUEという人間社会の基本理念を徹底的に教えているのです。

ひるがえって日本ではどうでしょう? 「ルールを守る」ということは厳しく教えられていても「人は皆異なる考えをもつことが当たり前だ」ということを学校で教わった記憶は、少なくとも私にはほとんどありません。だから「組織に所属するということは、ほかのメンバーと同じように振る舞うことだ」という発想になって、歯車という比喩になってしまうのでしょう。「強い個性をぶつけあいつつ秩序を維持していくためにルールがある」という順番ではなく、「秩序を守るために個性を殺す」という逆の発想になってしまうのです。

人間には皆個性、つまり「角」があるのがふつうの状態です。そして、角がある限り、相手には引っかかるし、ぶつかりあえば痛いのもまた当たり前です。痛いからといってその角を丸く削ってしまったら、摩擦や軋轢は軽減されるかもしれませんが、それぞれの個性は削った分だけ小さくなってしまいます。つまり、もめごとは起こさないけれど、面白みのない人間になってしまうのです。

そういう人ばかりになると、確かに組織の秩序はよく保たれるでしょうが、組織全体のポテンシャルもまた小さくなってしまいます。だいたい、角を削りとられたような人間が楽しく生きられるとは、私にはとうてい思えません。だから、私はメンバーの角を削るようなマネジメントは大嫌いです。角は組織の秩序を多少は乱すかもしれませんが、うまく使えば強力な武器になるのです。

確かにゴツゴツ尖った石は扱いにくいというのも事実でしょう。だからといって、滑らかな丸い石ばかりで石垣をつくっても、そんなものはちょっとした衝撃ですぐに崩れてしまいます。ゴツゴツとした石をうまく組み合わせながら積んでいくには手間も時間もかかりますが、それができたときには非常に丈夫で強い石垣になっているのです。

私自身、大きくゴツゴツした三角形でいたいし、一緒に働く仲間にもそうあってほしいと思っています。まかり間違っても小さな丸にはなってほしくないのです。

「長所を伸ばして短所をなくす」の嘘

「大きな三角」の考え方と相通じるものですが、私は「長所を伸ばして短所をなくす」という考え方が大嫌いです。この考え方が日本の教育や企業をダメにしてきたといっても過言ではないと思っています。

人間の長所と短所というのは実際には「同じもの」です。

私自身の性格にしても「決断が速い」と表現すればそれは長所になりますが、「気が短い」と表現すればそれはそのまま短所になります。「自分の意見をはっきり言う」ということは「協調性がない」ということですし、「瞬発力がある」ということは「我慢強くない」ということでしょう。それこそ、かけがえのないそれぞれの人間の個性なのです。

つまり、短所をなくそうとすると同時にその人の長所までをなくしてしまうし、長所を伸ばせば同時に短所も伸びるのです。短所をなくそうなくそうとすれば三角の角が削られて、あっという間に「小さな丸人間」のできあがりです。企業の人事担当者などが「短所をなくす研修を」などと言うのを聞くにつけ、「トレードオフや人間のことをまるでわかっていないなあ」と痛感します。

私は昔から気が短くて、小学生のときからしょっちゅうケンカをしていました。でも、周囲にはケンカがとても強い子がいてその子には絶対に勝てなかった。そうした経験から、「勉強ができることも大事だけれど、ケンカが強いことも同じように大事だな」と思い、自然と自分にない能力をもった相手を尊敬する気持ちが生まれていきました。

人を評価する基準は無数にあるものですし、人がもっていないところこそが、その人の個性であり、大切にすべきところなのです。

「やりたいことをやる」人の時代

二〇一〇年三月に国立大学の研究や教育内容などを評価して、各大学の二〇一〇年度以降の予算に差をつける「運営費交付金の評価反映分」の内訳が公表されました。国立大学のなかで最高評価を受けたのは奈良先端科学技術大学院大学（ＮＡＩＳＴ）という、生駒の山のなかにある学校です。

私は先日、ベンチャー起業のディスカッションをするためにこのＮＡＩＳＴを訪れ、そのあと学生たちと飲みにいきました。そのなかに感心するくらいいろいろなことを知っている学生がいたのでよくよく彼の話を聞いてみると、大学を卒業してそのまま経済産業省に入ったものの、そこを三年で辞めてＮＡＩＳＴに入り直した、という変わった経歴の持ち主だったのです。

彼曰く、「役所では上司に言われたとおりに法律案をつくるのが仕事で、来る日も来る日もそれをやっているうちに疑問が湧いてきた。自分のやりたいことをもう一度考えて、調べた末にＮＡＩＳＴで勉強することにしたのです」と言うのです。続けて「ＮＡＩＳＴは理科系の試験がなくて文科系の自分には向いていました。学費分くらいの貯金もあったので資金面の問題はなかったのですが、最大の難関は両親の説得でした」

彼は笑いながら話してくれましたが、確かにご両親にしてみれば、せっかく人も羨むエリートコースを歩んでいる息子がそこから外れて奈良県の山奥にある大学に行く、というのは常軌を逸した行動に見えたことでしょう。でも、彼はその大変な説得をきちんとやって自分の意志を貫いたのです。少し前の世代にとっては有り得ない選択かもしれませんが、私は彼のような若者がいることを知り、この国の未来に明るい希望をもちました。

彼だけではありません。私はびっくりするくらいまじめで優秀な若者に何人もめぐりあっています。ですから私は日本の将来を大局的には楽観しています。「若者と女性のリーダーを増やすしくみをつくれば日本はうまくいく」というのが私の結論です。

ライフネット生命にも変わった経歴のスタッフがたくさんいますが、なかでもとびきりの変わり者を紹介しましょう。彼は大学卒業後に「これからはインドの時代だ」と思ってインドのムンバイに渡り、ベンチャー企業の立ち上げに参画しました。聞けば大学入学まではパスポートももっていなかったそうですから、何とも思い切ったものです。そして、インドで活躍したのち「カレーを食べ飽きた」といって東京で外資系投資銀行に就職、財務分析などの力を培った後、香港のヘッジファンドを経て、その後私たちの仲間に加わりました。

彼が来たときのライフネット生命はまだ起業準備をしている段階でしたが、彼が「十年以内にアジアに出る保険会社をつくりたい」と大きなことを言うので、私も嬉しくなって「それなら一緒にやりましょう」と答えました。そして、彼は結婚したばかりにもかかわらず、すぐに入社を決めてくれたのです。三十歳になったばかりの彼は、金融庁や株主との折衝を一手に引き受けてくれています。

人間は一人で生きているわけではないので、やりたいことをやるためには家族や親せきなど周囲の人たちの理解を上手に得る必要があります。しかし、多くの人は周りに気を遣い過ぎて自らを常識の枠に押し込めてしまっているようにみえます。でも、よく考えれば、豊かなこの国で好きなことをやる障害といえばそれくらいのものなのです。


好きなことをやりたいが、周囲に心配をかけたくない。

安定した仕事は捨てたくないが、やりがいも求めたい。

そうしたすべての要望を同時に満たす方法は、残念ながらこの世にはありません。この世はすべてトレードオフなのですから、何かをとれば何かをあきらめざるを得ないのです。そして、それを十全に理解した人から順番に、次の行動に移れるようになるのだと思います。

第6章

私たちが、いまいるところ

「それまでも経営者と会う機会は多くありましたが、出口とはじめて会ったとき、描く絵の鮮明さを感じた。やりたいことは明確だったし、自分がそれをやるんだ、という想いが伝わってきた。『このおっさんは本気なんだな』ということがわかりました」

——企画／堅田航平

日本も日本人も特殊ではない

バブル崩壊以来、日本経済はずっと低迷を続けています。リーマン・ショック後もいち早く景気回復を遂げた中国や東南アジアを横目に日本だけが蚊帳の外といった状態です。「失われた二十年」という言葉が早くもささやかれはじめています。

戦後、日本は焼け野原から急激な復興を遂げました。一九六〇年代後半には既にGDPがアメリカに次いで世界第二位となっていましたから、まさに驚異的なスピードだったと言えます。その後も成長は続き、一九八〇年代にはハーバード大学のエズラ・ヴォーゲル氏が書いた『ジャパン・アズ・ナンバーワン』(阪急コミュニケーションズ)という本のタイトルに象徴されるように、日本的経営が世界中でもてはやされるようになりました。三菱地所がロックフェラーセンターを、ソニーがコロンビア・ピクチャーズを買収するなど、バブルがはじけるまでの日本はまさに経済大国の名をほしいままにしていたのです。

そして、この経験によって日本人は敗戦で失った自信を取り戻し、さらに自分たちのやり方は世界のなかでも群を抜いて秀でていると考えるようになりました。特にアジアのなかでは日本が盟主である、そうでなければならない、と考える人が増えました。だからこそ名目ＧＤＰが中国に抜かれそうになっただけであれほどの大騒ぎをするのでしょう。

しかし、私は日本人のやり方が飛び抜けて優れている、もしくは日本人がとりわけ優秀だとは思いません。そんなに優秀な人ばかりなら二十年もデフレから脱却できないなんてことは起こらないでしょうし、国と地方の長期債務残高がＧＤＰの二倍近くに膨らむなどということも起こらなかったでしょう。年金にしても少子化にしても、もう何年も前から問題が露呈しているのに、国はいまだに効果的な対策を施すことができません。

私の人間観は「人間は皆たいして変わらない」というものです。どこの国にも賢い人もいればそうでない人もいるでしょうし、その賢い人とそうでない人の差だってそうたいしたものではないと思っています。

だからこそ、日本が戦後これだけ短い期間で繁栄を取り戻した理由は、日本人の勤勉さや日本的経営といった、従来から語られてきた部分〝以外にも〟探してみることが必要だと思っています。

戦後復興の理由は「三つの神風」

私の考えでは、戦後の日本の驚異的な復興の主因は外から吹いた三つの「神風」の賜物です。ここでも、歴史と地域をみるタテヨコ思考を使ってみます。

敗戦直後、勝者である連合国の中心にいたのはアメリカでした。そのアメリカのトルーマン大統領が東アジアの秩序を維持するために最重要視していたのは中国国民党の蒋介石主席との太いパイプでした。敗戦国の日本はといえば、二度とアメリカに歯向かわないようにとGHQの統治下で徹底的な弱体化が図られていきました。

ところが、中国で内戦が起こり、中国国民党は人民解放軍に敗れ、蒋介石は台湾に敗走、代わって中国共産党の毛沢東主席が中華人民共和国の建国を宣言しました。意図が外れたアメリカは焦ります。アジアの共産主義化を防ぐべく、急きょ不沈空母として代替パートナーに選ばれたのが日本であり、結果として対日方針は弱体化から復興支援へと一八〇度転換されました。これが最初の神風です。要するにアメリカの「愛情」の対象が中国から日本に変わったのです。

一方、日本国内では戦前の指導者層が追放されて若い人がのびのびとやれる環境が整ったところに、満洲・台湾・朝鮮半島などからおおぜいの人が引き揚げてきて一気に人口が増えました。そこに起こったのが朝鮮戦争です。この朝鮮戦争特需がきっかけになって、繊維・鉄鋼などの産業が発展し、その後の高度成長経済につながっていきます。

若いリーダー、急増する人口、そこに降って湧いた特需、これが第二の神風です。

さらに、デトロイト銀行の頭取でGHQの経済顧問を務めるジョゼフ・ドッジが経済安定九原則というものを定め、円とドルの交換比率を一ドル＝三六〇円に固定しました（当時の実勢レートは優に五〇〇〜一〇〇〇円くらいはあったのではないでしょうか）。このドッジというのはなかなか頑固なおじいさんで、断固として財政規律の遵守を日本にたたき込みました。その後、日本に国際競争力がついてきてもこの固定相場はそのまま維持されました。その結果、一ドル＝三六〇円体制は一九七一年まで続き、その間日本の輸出産業は円安のメリットを十二分に享受できました。断固とした財政規律の遵守と固定相場制の強制、これが第三の神風です。

日本経済の復興に外的要因が強かった一つの証拠として、米ソの冷戦終結と同時に日本の経済的な凋落がはじまったということが挙げられるでしょう。それまではアメリカからいわば超法規的に東アジアにおける要石として軍事的・経済的な役割を与えられていたわけですが、冷戦終了でそれが「お役御免」になってしまったというわけです。

もちろん、戦後の大変な時代、日本人が勤勉に働き必死に努力した結果、これだけの経済的復興がもたらされた、というのは事実の一端ではあるでしょう。でも、広く世界に目を転じてみれば、追い風を吹かせたこれだけの特殊要因があったことも、また疑いようのない事実なのです。

いま、そしてこれからの日本を考えるとき、日本における戦後の経済発展を振り返り、大局的に分析する作業は欠かせないと思います。年配の指導者たちにとっては戦後の復興こそが最大の「成功体験」です。これからの日本をつくっていく若い世代は、彼らがよりどころにしている成功体験の本質について、今一度冷静に考えてみることが必要だと思います。

「最後に勝つ」ための戦略を立てよ

日本人は決して特殊ではないと繰り返し言ってきましたが、「最終的に勝利するために何をするか」といった本質的、戦略的な問題を徹底的に考え抜くという訓練をあまり受けていないのではないか、と感じることはあります。これは民族性ではなく思考法の訓練の問題です。

たとえば、冷戦時代、アメリカを同盟国としている日本にとっての仮想敵国はまず当時のソビエト連邦でした。それなのに、八〇年代後半から東京外国語大学のロシア語学科は定員割れになっていたのです。それを知った英国大使館の友人は私にこう言いました。

「もし日本の指導者が本気でソ連邦を敵国と想定しているなら、授業料を無料にするとか全員を奨学金付きで留学させるとか、あらゆる手段を使ってロシア語を勉強する学生を増やすはずだ」

本気で戦って勝とうと思うなら、相手の国の言語に通じている人材を国を挙げて育成することが常套手段です。それなのにロシア語学科が定員割れしても誰も騒がないのですから、日本人の危機感はその程度のものだったのでしょう。

また、これはあまり知られていないことですが、第二次世界大戦中、日本のほかに英国にも「特攻隊」が存在しました。ただし、日本の特攻隊員が予科練で訓練を受けた若者であったのに対し、英国では受刑者によって特攻部隊が組織されたのです。受刑者だから死んでもいい、ということではありません。犯罪歴のある彼らは要塞に侵入したりすることなどに関しては一流のノウハウをもっている、英国政府はその高い能力を戦争に利用しようとしたのです。

戦闘中に兵士が捕虜になったときの対応にも差がありました。

日本兵にはそもそも「負けること」を想定した訓練がなされていません。だからこそ、とにかく玉砕してしまう。さらに、捕虜になったあとも自殺する、もしくは敵に取り入って生き延びようとする、といった極端な行動に出ることが多かった。これに対して連合国の兵士には「負けること」を想定した訓練がなされていました。「まずは捕虜になって生き延び、口うるさく食事を要求し、敵の食料を減らすこと」といった「負けた場合の行動」までが明確に指導されていたのです。

長い戦いのなかでは、どこかの局地戦で負けることがあるのも当然です。だからこそ、「最終的に勝つ」ためにそのときどきで何をなすべきか、それを常に考え、実行していかなければならないのです。

ある村長が流した涙

このまま少子高齢化が進めば、経済成長も止まり、わが国の借金はなかなか返せないでしょう。それどころか国家財政が破たんする恐れすらあります。前のところで、ＰＡＣＳという制度を導入して出生率を増やすことに成功したフランスの例を紹介しましたが、日本の政治家や政府が打ち出す悠長な少子化対策には本気度がまったく感じられません。

国内の出生率が上がらないのなら、移民受け入れというのも大きな選択肢の一つになる、というお話をしました。ここで私がよく思い出すのが、日本生命時代に訪れた群馬県上野村の黒澤丈夫村長のエピソードです。

上野村は一九八五年に日航機が墜落した御巣鷹山のあるところで、群馬県内ではもっとも過疎化が進んでいる村の一つです。前橋から車で二時間ほどかけてうかがったところ、黒澤村長が温かく出迎えてくださいました。黒澤さんは一九六五年から二〇〇五年まで十期連続四十年間村長を務め、日航機事故における見事な対応ぶりも話題になった有名な村長です。私が訪問したときは八期目くらい。八十代後半の村長と話が盛り上がり、二時間近くも語り合ったでしょうか。途中、私は何気なく「長く村長をやられていて、いちばん嬉しかったことは何ですか？」と尋ねたのです。

すると、黒澤さんは一瞬黙られたあと、「去年、村に赤ちゃんが二人生まれたことです。

フィリピン人のお母さんが生んでくれたのです。それが本当に嬉しかった」、そういって突然泣き出されたのです。

過疎化が進む上野村に久々にやってきた二人のお嫁さんはフィリピン人でした。元海軍少佐という経歴をもつ黒澤さんは、外国人を村人として迎えることにどうにも割り切れないものを感じていたそうです。ところが、生まれた赤ちゃんの顔を見た途端、そんな思いはきれいにどこかにいってしまったといいます。

――村の人口が減り、年々寂れていくのを村長の自分は止められなかった。それを海の向こうからやってきた彼女たちが助けてくれた。いくら感謝してもしきれない。彼女たちに「上野村に来てよかった」と思ってもらえるようにすることがこれからの私の仕事なんです――

涙を流して繰り返す黒澤さんに、気づけば私も思わずもらい泣きをしていました。

子どもが生まれることは、それだけで大きな奇跡であり、尊いことです。日本人でも外国人でも、誰もが子どもの誕生を待ち望み、その後も安心して育てていける、そんな社会をつくりたい。上野村での体験は私の想いの原点となっています。

「世界一、子どもを産みやすい国日本」「世界一、子育てがしやすい国日本」、そんな日本を目指してこれからも微力を尽くしていきたいと思っています。

「一票の格差」に敏感になれ

日本の少子化に歯止めをかけるなら、あるいは不合理な政策に歯止めをかけるなら、公職選挙における一票の格差を改めること。これはすぐにでも実現させなければならない喫緊の課題だと思っています。


国民一人ひとりの票が等しい価値をもつ、これが民主主義の大前提です。

ところが、二〇〇九年八月に行われた衆議院議員選挙を見ると、選挙区によって一票の価値に最大二・三〇倍もの開きがありました。また、二〇一〇年に行われる参議院議員選挙では格差はこれ以上に大きくなることが予想されています。簡単に言うと、人口の多い都会は一票の価値が低く、人口の少ない地方ほど一票の価値が高い、ということです。アメリカでは、最高裁が〇・九九三の格差でも違憲判決を出しています。

また、休日に近所の小学校の体育館などに出向いて投票する、といういまの制度では都会の若者はなかなか選挙に参加しようという気になりません。それはそうでしょう、せっかくの休みは選挙なんかより恋人と映画館やディズニーランドにでも行ったほうが楽しいに決まっています。つまり、都会の若者にとって投票に行くのは「機会コスト」が高いのです。因みにこれは世界共通の現象です。

一票の格差に機会コストが加わった結果はどうなるでしょう？

極論すれば、きちんと選挙に足を運ぶ地方のお年寄りの支持を集めた「地方のおじいさん」たちばかりが国会議員になります。彼らが自分たちに都合のいいように法律をつくり国を運営している、というのがこれまでの日本の姿でした。彼らの多くは年配の男性であり、裕福な家庭の出身で専業主婦の妻がいる、というのが典型的な姿です。そうした環境で育った彼らは自ら子育ても介護もする機会がなく、結果としてこうした問題の切実さが体感できないのです。

さらに、彼らは高齢なので、本能的に借金に対する恐怖感がなく、平気で負担を次世代に先送りしてしまう。国の借金がこれだけ増えたのも国政の場に「これから国の借金を返す立場の人」が少なかったからでしょう。

一票の格差を是正し、さらにインターネット投票などを導入して選挙に参加する機会コストを下げる。これはそう難しいことではありません。そうなれば、若者や女性の声がいまよりもずっと政治に反映されるようになるはずです。これからの国のかたちは、これからを生きる若い人が中心になって決めていくべきです。

若者に適正に所得が移転され、働きながらの子育て支援政策などが整備されれば、フランスのように少子化問題は改善していくはずです。日本に真の民主主義が訪れるのは、一票の格差がなくなったときです。私は生きているうちにこの国の歪みを正したいと思って「一人一票実現国民会議」(※)の発起人の一人にならせて頂きました。

※ www.ippyo.org

リーダーを生み出す「二つのしくみ」

ここのところ東アジアで躍進著しい国といえば中国やインド、それに韓国といったあたりでしょうか。日本はどうかというと状況は明らかに停滞しています。欧米の関心もこれから伸びる国々に移っており、日本はバッシングの対象にもならずパッシング（素通り）されている状態だというのが多くの方の共通認識でしょう。

この状況を招いた最大の要因は、前に触れたようにリーダーの不在だと思っています。いまの日本には、前例のない局面に立たされても動じず、明確なビジョンを示してその方向に人々をグイグイと引っ張っていくことのできる、問題解決能力と力強さを兼ね備えたリーダーが政界にも経済界にも見当たらないのではないでしょうか。

言葉を換えれば高度成長経済の成功にあぐらをかき、そういうリーダーを輩出するしくみをつくってこなかったツケが回ってきたのです。リーダーは勝手に育つものではないのです。リーダーの素質をもつ人が多くの経験を経て、上に上がっていけるような、国を挙げての「リーダーを育てるためのしくみ」をつくらなければなりません。それを早急につくらないと日本は近い将来没落し、二流国としての扱いしか受けられなくなるでしょう。もちろん、私は自分の生まれ育った国がそうなることを望んでいないし、そういう運命を甘受しようとも思いません。

社会の情勢が思わしくないとき、「国民の意識が低い」「リーダーの見識がない」「メディアのレベルが低い」といった説明がなされることが多々あります。でも、私はこうしたことの理由を「意識」や「見識」といったわけのわからないもののせいにするのは間違っていると思います。何かを変えたいときに注力すべきは「意識」ではなく「行動」です。言い換えれば、適切な行動を起こさせるような「しくみ」が必要なのです。変化を起こすためにはスローガンを叫んでいてもあまり意味はありません。人を動かすしくみを社会のあちこちにたくさんつくっていけばよいのです。

「リーダーを育てるしくみ」もそんなに難しいものではないはずです。一つか二つすぐ実行できる簡単なアイディアを並べてみましょう。

一つは、法人税法をちょっと改正して、外国人を大量に採用する企業や女性を数多く役員に登用する企業には税金を優遇する、という案です。

日本の企業の競争力は基本的には株価に集約されます。なぜ、日本企業の評価が低いのか、それは役職員に外国人や女性がほとんどいないからです。外国人がいなくてどうしてグローバル企業として外国人のニーズに対応できるというのでしょう。

私はライフネット生命を起業するまで、総長室アドバイザーとして東京大学のお手伝いをしていましたが、東京大学に留学している優秀なアジアの学生でさえも日本では就職の機会が十分にはなく、泣く泣く母国に帰って行かざるを得ないのです。これでは、わが国の大学が海外から高く評価されるはずがありません。外国人に門戸を閉ざしているわが国の大学や企業の国際競争力が劣化しつつあるのは理の当然です。

また世界の半分は女性ですから、女性のリーダーがいなければ女性のニーズに対応できないことは当たり前です。同様に、一定割合以上若者や女性の候補者を立てない政党には、政党交付金を削減すればいいのです。

もう一つは、前に述べたように、経団連に所属しているような有名企業は大学院卒か大学卒業後一定年数以上経過した人しか採用しない、という案です。

学部の新卒学生を採用して自分の会社の色に染め上げる、という方式は何も考えずに号令にしたがって行動する兵隊のような労働者を育てるのであれば効率的ですが、これから企業が生き残るために本当に必要な人材はそれでは育ちません。新卒一括採用、しかも三年生からの青田買いは大学生の貴重な勉学の機会を奪うものであり、百害あって一利なしです。だから、こんなバカげたことはさっさとやめるべきです。

とはいえ、一社で踏み切るのもなかなか勇気のいることでしょうから、日本を代表する企業が一斉に舵を切って見本を示せばいいのです。

在学中に就職活動をする必要がなくなれば、大学生は四年間きちんと勉強し、卒業後も留学や世界放浪、ボランティアやインターンなど、さまざまな経験を積むことができます。そうやって人間的に厚みを増した将来のリーダー候補を採用することこそ、企業にとって本当の即戦力の採用になるのだと思います。

日本人よ、再び外へ

歴史マニアを自称する私ですが、多くの人が興味をもつ「江戸時代」については最低の評価を下しています。その理由は統計データにあります。

江戸時代末期のデータを調べると、当時の日本人男性の平均身長は一五四センチメートル、体重も五〇キログラム程度と前後の時代と比較してもかなり小さいことがわかります。これが何を意味するかといえば、当時の栄養状態がよくなかった、ということです。

この原因は江戸幕府の鎖国政策にあります。確かに日本は南北に長く、雨も多いために植生が豊かで多様性があり、また四方を海に囲まれていて海洋資源にも恵まれています。しかし、鎖国して他国と交易を行っていない状態では、ひとたび飢饉や凶作に見舞われるとたちまち食料が底をつき、国民は飢え、餓死者が続出するありさまだったことが容易に想像できます。

もちろん、外交がほとんどない分、幕府は内政に専念できるなど、鎖国にもそれなりのメリットがあったことは否定しません。私自身、江戸文化、とりわけ文楽や歌舞伎、浮世絵などが大好きです。しかし、閉じた世界は一見安定しているようでも変化に弱く、日常的に外部からの刺激を受けないのでマンネリ化し、活力は失われていきます。「開かれていること」を基本の価値観とする私からみればぞっとする時代ですし、市民に満足に食べさせてやれないような統治者は無能というほかはありません。だからこそ、徳川の治世二百七十年間に自分の子どもや孫が生まれなくてよかった、と心から思うのです。

私は、日本が本当に豊かだったのは、現在を別にすれば、室町時代から安土桃山時代にかけてだったと思っています。たとえば、織田信長が南蛮貿易を推奨したので、海外との交易が盛んに行われ、国内には異国の文物がどんどん入ってくる。当時、銀は基軸通貨であり、貴重な輸出品となりました。十六世紀のある時期には世界を流通する銀の半分は日本産だったという記録が残っています。GDPから見ても当時の日本は世界第五位、まさに日本は黄金の国ジパングだったのです。そして、外部との交流が盛んになると、野心に満ち溢れ、進取の気性に富んだ人間がこぞって国境を越えて外へ出ていきます。

山田長政はタイ・アユタヤ王朝に渡り、日本人町の頭領となって活躍し、国王からセーナーピムックという官位を授けられました。山田長政は日本にいるときには「かごかき」

をしていたともいわれており、まさに己の才覚一つで海外に出て成功し、外国で、いままでいうところの国防次官に匹敵するくらいの高い地位を得てしまったのです。

あるいはルソンで豪商として名を馳せ、巨万の富を得た呂宋《るそん》助左衛門などの例もあります。日本という島国で安住するのをよしとせず、海外に活路を見出そうという人間がいかに多かったかということは、この時期東南アジアのあちこちに日本人町ができたのを見ればよくわかります。遠くメキシコにまで日本人町があったのです。この時代の日本人の素晴らしさは、若桑みどりさんが感動的な小説（『クアトロ・ラガッツィ』／集英社文庫）にまとめあげています。

また、さらに歴史を遡ってみれば、十三世紀から十六世紀にかけて東シナ海を暴れまわっていた倭寇は日本人グループが中国人や朝鮮人を組織して貿易業を営んでいたものですし、奈良時代の阿倍仲麻呂は遣唐使として中国に渡海し、そこで安南節度使に命じられています。いまで言えば日本人の優秀な大学生が海外留学の末にベトナムで知事になったようなものです。

このような例は、探せばいくらでも見つかります。

四方を海に囲まれた日本において、日本人は昔から外へ外へと出て行きました。鎖国のような政策が続くのはいっときのこと、私たちは本質的にはいつも開かれた海洋民族だったのです。だからこそ、私は国を開き、どんどん外へ出ていくのが歴史的に見ても正しい、これからのわが国のあり方だと思うのです。

「外に出る」ことを考えるとき、私はいつも母校である三重県立上野高校の校歌を思い出します。繰り返し歌ったその校歌は「我らの望み　山々を　越えて　溢れて　外に出ん」という一節で終わります。山に囲まれた地方の小さな学校にまで、「いつかは外に出てやろう」という進取の風土があり、それを歌詞にした人がいたことにいつも胸を打たれるのです。

社会に「下剋上」と「共助」を

ロックバンド「サザンオールスターズ」がデビューして、一気に人気をさらっていた頃のことです。ある飲み会で大銀行の幹部と口論になりました。彼は「桑田佳祐のような正しく日本語の発音もできないような歌手が、売れて人気者になって僕より稼いでいるなんて許せない」というのです。最初は聞き流していたのですが、あまりに相手がしつこく繰り返すので思わず反論してしまいました。

「あなたのようにひたすら勉強して、一流大学から一流企業に入った人だけが偉くなり、金持ちになる社会が本当に面白いと思いますか？　ひたすらギターを弾いていて日本語がいい加減だって、才能と運があれば成功と一攫千金のチャンスがある。そういう社会の方がよっぽど健全だとは思いませんか？」

階層化し、固定化した社会に活力が生まれるはずはありません。私はやる気のある人、才能のある人がどんどん上に上がってこられるような下剋上の社会であるべきだし、そうあってほしいと心底思っています。

もう一つ、これからの社会に必要だと思っているのは、人と人が助け合うしくみ、すなわち「共助」のしくみです。人間は、一人では生きていけない弱い生きものです。助け合いには「自助・共助・公助」という三つがありますが、これからの所得が減少していく時代に個人に自助を期待するのは酷な面がありますし、政府がこれだけの借金にあえいでいる現状では、公助に頼ることも論外でしょう。

そうであれば、残る「共助」のしくみを強化していくしかありません。私たちの事業である生命保険は共助の最大のしくみの一つだと自負していますが、外国でよく見られるシェアハウスやコレクティブハウスなども共助の典型例ではないでしょうか。ほかにも、もっといろいろな助け合いのしくみが生まれてきてほしいと願っています。

おわりに 「悔いなし、遺産なし」——自分の頭で考え続ける

「ライフネット生命のこの先の目標は？」

取材などでこんな質問を投げかけられることがよくあります。これに対して、私は常に「百年後に世界一の保険会社になります」と答えています。「何だか夢みたいな目標ですね」と呆れられることもありますが、私は至って本気です。

私にとって、ライフネット生命は「我が子」同様です。

「我が子にどんなふうに育ってほしいか」と聞かれて「五年後に幼稚園でいちばんになってほしい」と答える親がいるでしょうか？　この世に生を受けた以上、まずは健康に、元気に、そして人から愛されて育ってほしい、そして平均寿命前後までは生きてほしい、そう願うのがふつうの親でしょう。その上で、私は「百年もの時間があるのだから、どうせ

ならば世界一を目指すような大きな度量のある子に育ってほしい」と考えます。

この「世界一」というのは規模のことを指しているわけではありません。ライフネット生命のマニフェストの四本柱に照らして、「どの保険会社がもっとも正直に経営していると思うか」「どの会社の商品がもっともわかりやすいか」「どの会社の保険料が安いか」「どの会社の商品・サービスがもっとも便利で使い勝手がよいか」という市場調査でライフネット生命が常に一位になること、それが私の言う世界一の意味なのです。

親は子どもの行く末を最後まで見守ることはできません。生まれ落ちたあとはその子自身の人生です。親は手を尽くして子どもの成長を見守るでしょうが、できることにはかぎりがあるのです。そういう点でも起業と育児はよく似ていると思います。

◆

私の座右の銘は「悔いなし、遺産なし」です。

若い頃から旅を重ね、本を読み、観劇に足を運び、人と会い続けた結果、私はいまの年になってもたいした蓄えがありません。日本生命時代には総務担当のスタッフに「出口さん、こんなに社内預金が少なくて大丈夫なのですか?」と心配されたものです。でも、私はそれでいいのだと思っています。お金をもって死ぬわけにはいきませんし、家や衣服などを所有することにもほとんど興味がありません。その代わり、異質で多様な経験を得ることには惜しまずお金を使ってきました。そして、それこそが自分のなかでの軸をつくり、軸を磨いてきたと思っていますし、いまでもその探求を続けています。

◆

このささやかな本が誕生したきっかけは、それこそまったくの偶然でした。二〇〇九年の秋に私は一時間半ほどの講演を頼まれて引き受けました。その聴衆のなかに英治出版の杉崎真名さんがいたのです。講演が終わった後、名刺交換をしたときに杉崎さんから「出口さんの本をつくりたい」と言われました。「いいですよ。具体的な提案をしてください」といつものように即答しました。また、杉崎さんは多忙な私のために山口雅之さんという素晴らしい取材者を紹介してくれました。こうして、杉崎さんと山口さんと私の三人のトリオで本づくりがはじまりました。

出来栄えについては読者の皆さんの判断に委ねるほかはありませんが、このお二人の尽力がなかったらおそらくこの本が生まれることはありませんでした。お二人に心から感謝の気持ちを捧げたいと思います。また、校正等にあたってはライフネット生命の川越あゆみさんに大変お世話になりました。

私がこの本で皆さんに伝えたかったことは、常識に囚われず、数字と事実とロジックを武器に自分の頭で考えるクセをつけてほしい、ということです。

日本では新聞・雑誌に書かれていることに対して七二％の人が信頼を寄せています。これに対して英国ではわずか一二％に過ぎません。考えるまでもなく、英国社会の方が健全だと思います。自分で考えて腑に落ちていることと違うことが新聞や雑誌に書かれていれば、「そちらの方が間違っている」と考えるのがふつうであるはずです。

この「ふつう」の感覚を多くの人に取り戻してほしい、心からそう願っています。

私の連絡先は次の通りです。

hal.deguchi.d@gmail.com

読者の皆さんの率直な感想を聞かせて頂ければとても嬉しいです。

出口治明

出口治明はパンクである――取材者からのメッセージ

この国の最大の問題は、「若い世代に向けて必要なメッセージが発信されていない」というところにあるのではないだろうか。

いや、書店のビジネス書や自己啓発の棚の前に足を運べば、経営者や評論家や大学教授やコンサルタントやそれに類する人たちの書いた「こうすればうまくいく」「迷ったときはこうしなさい」「これが成功の秘訣だ」「ゴールへの近道を教えよう」……、といったメッセージが詰め込まれた本がところ狭しと並んでいるのだから、メッセージ自体はあふれているのだろう。

問題は、それらのメッセージの有効性だ。

僕はこれまで数百人を超えるビジネス書や自己啓発書の著者を取材してきた。彼らの多くは誠実で、他人のために「自分がこれまでどのようにビジネスに取り組み、そこから何を教訓として得たか」「同じ仕事を他人より効率的に行う技術」「優先順位のつけ方」「モチベーションを高める方法」などについて、自らの経験や企業分析などの裏づけを交えながら語ることをいとわない。

「私の言う原理原則は、会社を上場させた人、年収の高い人、出世の早い人、そういう人たちの考え方や行動の仕方から抽出したものだから、同じようにすれば、それに近い結果が必ず手に入る」というわけだ。

確かに「あなたの仕事が思うようにいかないのは、どうすればうまくいくかを知らないからだ。だから、あなたよりも成績のいい人を連れてきて、その人がどうやっているかを調べ、一般の人とここが違うという部分を言語化し、それを忠実に再現すればいいのだ」と言われれば、そのとおりのような気がする。

だが、本当にそうだろうか？

もしそれが真実なら、日本は第二次世界大戦後、少なくとも九〇年代前半までは世界でもっとも成功した国なのだから、各企業にはあまたの成功法則が蓄積されているはずだ。さらにそれらは後継者によって洗練を加えられ精度を増しているから、いまごろはどこの企業も優秀なビジネスパーソンであふれ、左うちわでなければおかしい。

だが、現実はそうではない。バブル崩壊後の失われた十年は、いつしか十五年、二十年となり、気がつけば日本の会社はどこも青息吐息の状態だ。

これだけたくさんの成功法則が日々供給されているというのに、これはいったいどうしてなのだろう?

出口治明氏にはじめて会ったのは二〇〇九年の晩秋だった。

還暦を過ぎて生命保険会社を立ち上げた人、と聞いて僕は次のような想像をした。

—大企業のビジネスマンとして功なり名を遂げたが成仏しきれず、もうひと花咲かせたい、という野心に突き動かされて起業したということか。引退したボクサーがリングで闘う現役の選手を見て、自分もまだまだやれると思い直してカムバックしてきた、まあそんなところだろう—

もちろん、ジョージ・フォアマンのようにリングに戻って活躍するケースもあるが、ロートルの挑戦はたいてい失敗に終わる。郷愁に誘われて戻ってきたものの、思っているほど体は動かず、「負ければ未来が失われる」という若い頃のような覚悟もないからだ。

だが、出口氏の語り口はあくまで穏やかだった。風貌は歳相応。自分はまだまだ若いのだ、とことさら元気さを強調するようなところは微塵もみられない。

「金融庁から生命保険業の認可を受けるのに、ＭＯＦ担時代の人脈を使わなかったのだそうですね。それはご自身の美学に殉じた、ということですか？」

僕は出口氏にこう尋ねた。

独立して保険の販売代理店をはじめる人は珍しくないが、生命保険会社そのもので起業する人はまずいない。生命保険会社をはじめるには国の発行する免許が要るからだ。戦後、既存の生命保険会社の後ろ盾なしにこの免許を取得した事業主は出口氏以前には一人もいなかった。ライフネット生命の誕生は、メジャーリーグのマウンドに野茂英雄が立ったのに匹敵すると言っていいくらいの快挙なのである。

では、なぜほかの人にできないことが出口氏には可能だったのか。僕は最初、出口氏が日本生命時代にMOF担として活躍していたという話を聞き、政治力を駆使したのだろうと思った。別に悪いことではない。豊富な人脈をもつ人がそれを利用して権力の中枢に入りこんでいく、甲羅を経たビジネスパーソンが好むやり方だ。

ところが、前著（『直球勝負の会社』／ダイヤモンド社）を読むと、そう思われるのは心外だといわんばかりに、昔の人脈は一切利用しなかった、とあるではないか。

僕はこの点をまず確認したかった。もしそれが書いてあるとおりなら、この人はロマンチストだ。コネを使わず戦後初の独立系生命保険会社を立ち上げるという夢に賭け、それを実現したということで説明がつく。そして、それは効率や能率を重視する近代的な経営とは相容れない昔気質の経営者の姿だ。

氏は静かに答えた。

「私は美学のような非合理的なものを仕事にもちこむのは大嫌いです」

予想は外れた。しかし、合理・非合理をいうなら、それこそなりふりかまわず人脈を利用すればいいではないか。なぜ、そうしなかったのだろう。

出口氏は、それも違うという。

「日本は法治国家ですから、たとえ金融庁長官と懇意にしていても、それだけでは免許はもらえません。だから人脈なんてほとんど意味はない。免許がほしければ、必要な条件を整理して、それを端からクリアしていけばいいのです」

「そのやり方でいくと決めたとき、勝算はどれくらいあったですか？」と重ねて聞くと、金融庁のホームページを過去五年間にわたって精査し、どういう資料を用意すれば自分たちに免許を与えざるを得ないかを明確にしてから臨んだので勝算は一〇〇％だった、と涼しい顔で答えた。

僕は俄然興味をもった。

その後も出口氏とは毎週のように逢瀬を重ねた。

話を聞くのは決まってライフネット生命の社長室。といっても広さは一〇畳ほどの、パソコンが置かれた出口氏の机と、打ち合わせ用のテーブルがあるだけの極めて質素、もとい機能的な部屋だ。

気負いも誇張もなく、ときに冗談を交えながらにこやかに話をするスタイルはどんな話題でも変わらない。しかし、あとでよく考えてみると、小中学校では図書室の本を全部読んだだの、これまで訪れた世界の都市は一〇〇を下らないだの、さらりとすごいことを言っている。ときには誇張も必要とされる武勇伝の語り手にはふさわしくない人物だ。

そのうち、彼の考え方にはある特徴があることがわかってきた。「何が正しいかを判断する軸」がどこか私たちと違うのだ。

たとえば「もっと仕事ができるようになればいまより幸せになれる」と言われたら、「まあそうだろう」とほとんどの人は思うだろう。だから仕事術の本があれほどに売れるのだ。

だが、もしこの社会の構造そのものが変わってしまったらどうだろう。たとえばアマゾンの奥地で原始共産制に近い生活を送っている人たちに、効率的な時間の使い方を説いたところで誰も耳を貸さないことは容易に想像できる。そして、おそらく彼らには彼らの「仕事術」があるのだ。

いま日本でビジネスパーソンに向けて投げかけられている「こう働けばいい」「これが正解

だ」というメッセージ、それらのほとんどが一九四〇年体制という戦後の成功のベースとなった文脈から発せられている。しかしながら、その文脈そのものが既に変わってしまっているとしたら、どんなに一所懸命に耳を澄まし、言われたとおり実行したところで、うまくいかないのは当たり前だ。

そして、出口氏は「この時代に要領よく立ちまわるにはどうしたらいいか」というようなことにはほとんど関心がないようなのである。その代わり、ライフネット生命でどんな商品を扱うべきか考えるときは、二百五十年前にドッドソンがはじめた生命保険の元祖であるオールド・エクイタブル社にまで立ち返って答えを探す、教育問題は「人間は動物である」という観点から解決策を模索する、というように、すべてを根源から見つめ直すところからはじめるのだ。

戦後の六十有余年は、人間の歴史を考えればわずかな瞬間に過ぎない。

日本という国のなかだけで通用することに普遍性があると考えるのは無理がある。「歴史と世界をみれば、何が正しいかは自ずとわかる」というのが出口氏の一貫した姿勢なのである。

こういうと、浮世離れした夢想家のように聞こえるかもしれないが、彼の驚異的な読書量に裏打ちされた博覧強記ともいうべき知識を目の当たりにすれば、誰もそれを否定することはできないだろう。さらに、誰もが不可能だと思っていた金融庁の免許を取り付けたことをみてもわかるように彼には類まれな実行力がある。たとえ常識に反していようと、「それは違うでしょ?」と戦いを挑み、「ほら、この方が気持ちがいいでしょう?」と歪みを正してみせる。そうやって出口氏は自分の考えを証明し続けてきたのである。

「人は真っ当なことを、真っ当にやるべきです。それができないなら、できる世の中にすればいいんですよ」

いまどきラッパーの歌詞にもこんなストレートなフレーズは登場しない。
しかし、出口氏はそれを平気で口にし、そして実現してしまう。

その生きざまはパンクそのものだ。

還暦を過ぎた人間を形容するにはどうかと思うが、ほかに適当な言葉が思い当たらないからこう言わせてもらう。

そして、私たちはいまこそ、このいささか年季の入ったパンクロッカーのメッセージに耳を傾けるべきなのだろう。

取材・構成担当／山口雅之

「軸づくり」に役立つ本一覧（歴史を中心にした二〇冊）

	書名	著者	出版社	出口評
1	アンダルシーア風土記	永川玲二	岩波書店	歴史の面白さを教えてくれる名著。絶版になっているので図書館で
2	王書——古代ペルシャの神話・伝説	フェルドウスィー／岡田恵美子（訳）	岩波文庫	ペルシアの「古事記」兼「平家物語」。ペルシア抜きにユーラシアの歴史は語れない
3	キメラ——満洲国の肖像	山室信一	中公新書	第二次世界大戦の総括なしにアジア諸国との関係は先に進まない。その核となる一冊

4	ギルガメシュ叙事詩	矢島文夫	ちくま学芸文庫	古代世界はこの一冊で。人類が生み出した最古の物語
5	近代世界システム［ⅠⅡ］	I.ウォーラーステイン／川北稔（訳）	岩波書店	近代の世界資本主義を理解する上で欠かせない歴史を学ぶ者の必読書
6	クアトロ・ラガッツィ［上下］	若桑みどり	集英社文庫	天正少年使節の四人の勇気と苦難の物語が心に染みる。日本人の素晴らしさが実感される
7	検証 アメリカ500年の物語	猿谷 要	平凡社ライブラリー offシリーズ	超大国アメリカについての一冊を絞るならば、迷いながらもこれを推す
8	原典訳マハーバーラタ［1～8］	上村勝彦	ちくま学芸文庫	インド世界の理解はこの一冊で。著者の急逝により未完に終わったのが惜しまれる
9	上海	田島英一	PHP新書	現代の中国を理解するためには、田島英一の著作以上のものは存在しないと考える

10	昭和史 1926-1945	半藤一利	平凡社	私たちが生きている日本の基となった昭和時代を総括する格好の一冊。『幕末史』も面白い
11	チェーザレ・ボルジア あるいは優雅なる冷酷	塩野七生	新潮文庫	ルネサンスはこの一冊で代表させたい。著者の『ローマ人の物語』は有名だが五十年後に残るのはこの本の方だと思う
12	定本 想像の共同体	ベネディクト・アンダーソン／白石隆・白石さや（訳）	書籍工房早山	国民国家とは何かを知るための歴史を学ぶ者必読の一冊
13	天孫降臨の夢――藤原不比等のプロジェクト	大山誠一	NHKブックス	日本という国がどうして誕生したのかを理解する上で好適
14	トラが語る中国史――エコロジカル・ヒストリーの可能性	上田信	山川出版社	大きな歴史の見方を教えてくれる言わば「歴史総論」はこの一冊で代表させたい
15	ドン・キホーテのごとく――セルバンテス自叙伝［上下］	スティーヴン・マーロウ／増田義郎（訳）	文藝春秋	セルバンテスの自伝を装った痛快極まりない小説。イスラム世界とヨーロッパのつながりを知る上でも有益

16	日本社会の歴史［上中下］	網野善彦	岩波新書	日本史の理解にはこの著者の作品は欠かせない
17	背教者ユリアヌス［上中下］	辻邦生	中公文庫	ローマ帝国とキリスト教の関係を知るだけではなく、その高い文学性に心打たれる
18	パレスチナ　新版	広河隆一	岩波新書	現代史はこの一冊で代表させたい。パレスチナ問題を正しく理解せずして中東問題は語れない
19	ムハンマド——イスラームの源流をたずねて	小杉泰	山川出版社	イスラム世界の理解はこの一冊で。キリスト教とイスラム教の理解なくして世界は語れない
20	遊牧民から見た世界史	杉山正明	日経ビジネス人文庫	我々が学校で習ってきた世界史がいかに歪んだものであったかが一目瞭然となること請け合いである
番外	単純な脳、複雑な「私」	池谷裕二	朝日出版社	人間の脳の働きをこれだけ鮮やかに説き明かした名著はない

※一部、絶版の書籍も含まれます

ライフネットの生命保険マニフェスト

第1章　私たちの行動指針

1　私たちは、生命保険を原点に戻す。生命保険は生活者の「ころばぬ先の杖が欲しい」という希望から生れてきたもので、生命保険会社という、制度が先にあったのではないという、原点に。

2　一人一人のお客さまの、利益と利便性を最優先させる。私たちもお客さまも、同じ生活者であることを忘れない。

3　私たちは、自分たちの友人や家族に自信をもってすすめられる商品しか作らない、売らない。

4　顔の見える会社にする。経営情報も、商品情報も、職場も、すべてウェブサイトで公開する。

5　私たちの会社は、学歴フリー、年齢フリー、国籍フリーで人材を採用する。そして子育てを重視する会社にしていく。働くひとがすべての束縛からフリーであることが、ヒューマンな生命保険サービスにつながると確信する。

6　私たちは、個人情報の保護をはじめとしてコンプライアンスを遵守し、よき地球市民であることを誓う。あくまでも誠実に行動し、倫理を大切にする。

第2章 生命保険を、もっと、わかりやすく

1 初めてのひとが、私たちのウェブサイトを見れば理解できるような、簡単な商品構成とする。例えば、最初は、複雑な仕組みの「特約」を捨て、「単品」のみにした。

2 お客さまが、自分に合った商品を自分の判断で、納得して買えるようにしたい。そのための情報はすべて開示する。

3 例えば、私たちの最初の商品は、生命保険が生れた時代の商品のように、内容がシンプルで、コストも安く作られている。そのかわり、配当や解約返戻金や特約はない。保険料の支払いも月払いのみである。このような保険の内容も、つつみ隠さず知ってもらう。

4 すべて、「納得いくまで」、「腑に落ちるまで」説明できる体制をととのえていく。わからないことは、いつでも、コンタクトセンターへ。またウェブサイト上に、音声や動画などを使用して、わかりやすく、退屈させないで説明できる工夫も、十分にしていく。

5 私たちのウェブサイトは、生命保険購入のためのみに機能するものではなく、「生命保険がわかる」ウェブサイトとする。

6 生命保険は形のない商品である。だから「約款」（保険契約書）の内容が商品内容である。普通のひとが読んで「むずかしい、わからない」では商品として重大な欠陥となる。誰でも読んで理解でき、納得できる「約款」にする。私たちは、約款作成にこだわりを持ち、全社員が意見をだしあって誠意をもって約款を作成した。

7 生命保険は、リスク管理のための金融商品である。その内容について、お客さまが冷静に合理的に判断できる情報の提供が不可欠である。

第3章 生命保険料を、安くする

1 私たちは生命保険料は、必要最小限以上、払うべきではないと考える。このため、さまざまな工夫を行う。

2 私たちの生命保険商品は、私たち自身で作り私たちの手から、お客さまに販売する。だからその分、保険料を安くできる。

3 保障金額を、過剰に高く設定しない。適正な金額とする。したがって、毎月の保険料そのものが割安となる。
私たちのシミュレーションモデルは、残された家族が働く前提で作られている。「すべてのひとは、働くことが自然である」と考えるから。そのために、いざという場合の保険金額も、従来の水準よりも低く設定されている。

4 確かな備えを、適正な価格で。私たちの最初の商品は、シンプルな内容の「単品」のみである。良い保険の商品とは、わかりやすく、適正な価格で、いつでもフレンドリーなサービスがあり、支払うときも、あやまりなく、スピーディーであるかが、問われると考える。それゆえに、あれこれ約束ごとを含む、複雑な特約とのセット販売は行わない。

5 事務コストを抑える。そのために、紙の使用量を極力制限する。インターネット経由で、契約内容を確かめられるようにする。

6 生命保険は、住宅の次に高い買物であると言われている。毎月の少しずつの節約が、長い人生を通してみると大きな差になることを、実証したい。

7 生命保険料の支払いを少なくして、その分をお客さまの人生の楽しみに使える時代にしたいと考える。

第4章 生命保険を、もっと、手軽で便利に

1 私たちの生命保険の商品は、インターネットで、24時間×週7日、いつでもどこでも、申し込める。

2 印鑑は使わなくてもよくした。法令上必要な書類はお客さまに郵送し、内容確認の上、サインして返送していただく。したがって、銀行振替申込書以外、押印は不要となる。

3 満年齢方式を採用した。誕生日を起点に、一年中いつでも同じ保険料で加入できるように。

4 私たちの商品の支払い事由は、死亡、高度障害、入院、手術のように、明確に定められている。この定められた事由により、正確に誠実に、遅滞なく支払いを実行する。

手術の定義も、国の医療点数表に合わせた。この定義の採用は、日本ではまだ少ない。わかりやすくなり、「手術か、そうでないか」の議論の余地が少なくなる。なお、従来の生命保険では、88項目の制限列挙方式が主だった。

5 私たちは「少ない書類で請求」と「一日でも早い支払い」を実現させたい。そのために、保険金などの代理請求制度を、すべての商品に付加した。また、お客さまからコンタクトセンターにお電話いただければ、ただちに必要書類をお送りできる体制にした。そして、保険請求時の必要書類そのものを最小限に抑えた。このようなことが可能になるのも、生命保険の原点に戻った、シンプルな商品構成だからである。

● 著者

出口治明
Haruaki Deguchi

1948年三重県美杉村生まれ。京都大学を卒業後、1972年に日本生命保険相互会社に入社。企画部や財務企画部にて経営企画を担当。生命保険協会の初代財務企画専門委員長として、金融制度改革・保険業法の改正に東奔西走する。ロンドン現地法人社長、国際業務部長などを経て同社を退職。

2005年より東京大学総長室アドバイザーを務め、2006年にネットライフ企画株式会社設立、代表取締役就任。2008年4月、生命保険業免許取得に伴い、ライフネット生命保険株式会社に社名を変更、同社代表取締役社長に就任。2012年3月、東証マザーズに上場。

主な著書に『生命保険はだれのものか』『直球勝負の会社』（ともにダイヤモンド社）、『生命保険入門　新版』（岩波書店）などがある。

世界放浪、読書、映画鑑賞はじめ、幅広い趣味をもつ。

ブログ：http://www.lifenet-seimei.co.jp/deguchi_watch/
Twitter（個人アカウント）：@p_hal

● 取材・構成

山口雅之
Masayuki Yamaguchi

1961年生まれ。フリーライター・シナリオライター。放送系就職情報会社を経て、1990年に独立。映像、雑誌広告、出版プロデュースなど幅広く手がける。1997年にアメリカ留学、ニューヨーク・フィルム・アカデミーにて、映画・シナリオ制作を学ぶ。2001年より映像台本や単行本の執筆など創作活動に比重を移し、2003年にシナリオ「院内では、白衣の下に水着を着ないこと」で「テレビ朝日21世紀新人シナリオ大賞優秀賞」受賞。自著に安部譲二氏と山本譲司氏の対談『塀の中から見た人生』（カナリア書房）、インタビューした人物は延べ100名を超える。

● 英治出版からのお知らせ

本書に関するご意見・ご感想を E-mail（editor@eijipress.co.jp）で受け付けています。また、英治出版ではメールマガジン、ブログ、ツイッターなどで新刊情報やイベント情報を配信しております。ぜひ一度、アクセスしてみてください。

メールマガジン　：会員登録はホームページにて
ブログ　：www.eijipress.co.jp/blog
ツイッター ID　：@eijipress
フェイスブック　：www.facebook.com/eijipress

「思考軸」をつくれ

あの人が「瞬時の判断」を誤らない理由

発行日	2010年 7月10日 第1版 第1刷 2014年 4月15日 第1版 第3刷
著者	出口治明（でぐち・はるあき）
発行人	原田英治
発行	英治出版株式会社 〒150-0022 東京都渋谷区恵比寿南 1-9-12 ピトレスクビル 4F 電話 03-5773-0193　FAX 03-5773-0194 http://www.eijipress.co.jp/
プロデューサー	杉崎真名
スタッフ	原田涼子 高野達成 岩田大志 藤竹賢一郎 山下智也 鈴木美穂 下田理 原口さとみ 田中三枝 山本有子 茂木香琳 木勢翔太 上村悠也 平井萌
印刷・製本	シナノ書籍印刷株式会社
装丁	石間淳
本文 DTP	荒井まさみ（TYPEFACE）
編集協力	山口雅之

ISBN978-4-86276-083-8 C0034 Printed in Japan